Bataille zur Einführung

Peter Wiechens

Bataille zur Einführung

JUNIUS

Junius Verlag GmbH
Stresemannstraße 375
22761 Hamburg

Umschlaggestaltung: Florian Zietz
Titelfoto: Matthes & Seitz Verlag GmbH
Herstellung: Das Herstellungsbüro, Hamburg
Satz: H & G Herstellung, Hamburg
Druck: SOAK GmbH, Hannover
Printed in Germany 1995
ISBN 3-88506-907-5
1. Auflage 1995

Die Deutsche Bibliothek - CIP-Einheitsaufnahme

Wiechens, Peter:
Bataille zur Einführung / Peter Wiechens.
- 1. Aufl. - Hamburg : Junius, 1995
(Zur Einführung ; 107)
ISBN 3-88506-907-5
NE: GT

Inhalt

1. Einleitung

»Er war völlig aus dem Häuschen, schnalzte mit den Fingern, tänzelte, auf der Stelle tretend, hin und her und wiederholte immer wieder den Satz: Es geht los, es geht los. Alle um ihn her waren erregt. Es war eine Erregung, die an etwas Größeres, an ein transzendentes Gefühl grenzte – zumindest Freude, aber eher wohl etwas wie Ekstase. Eine durchdringende Energie ging davon aus; unmöglich, nicht ein wenig davon gepackt zu werden. Neben mir sagte jemand, er sei glücklich, sehr glücklich, er könne sich nicht erinnern, jemals so glücklich gewesen zu sein.« [1]

Diese und ähnlich eindrucksvolle Beobachtungen macht der amerikanische Journalist Bill Buford, als er mehrere Jahre lang englische Fußballfans und Fußballrowdys begleitete und die von ihnen begangenen Gewaltexzesse auch am eigenen Leib erfuhr. Im Mittelpunkt seines Interesses stehen dabei die Erfahrungen von Gewalt als tiefgehende, ekstatische Erlebnisse, die ihren Sinn in sich selbst zu enthalten scheinen und sich daher nicht ausschließlich auf sozial- oder massenpsychologische Ursachen reduzieren lassen. Die Attraktivität und Faszination von Gewalt liegen laut Buford gerade in ihrer quasi-mystischen Funktion: Gewalthandlungen bieten den an ihnen Beteiligten rauschhafte, der sexuellen wie religiösen Ekstase vergleichbare Erfahrungen, sie führen zu kurzen Glücksmomenten, in denen es den Individuen gelingt, sich selbst zu überschreiten und mit der Masse, ja mit der gesamten »Welt« zu verschmelzen.

Tiefgehende, rauschhafte Erfahrungen, die scheinbar in einer unlösbaren Verbindung mit Gewalt und Tod stehen und den einzelnen die Möglichkeit eröffnen, mit dem Ganzen der Welt zu verschmelzen – genau um diese Grenzerfahrungen und Grenzüberschreitungen kreist auch das Werk des im deutschsprachigen Raum immer noch nahezu unbekannten französischen Philosophen und Schriftstellers Georges Bataille. 1922, kurz nach Abschluß seiner Ausbildung zum Archivar und Bibliothekar, hatte Bataille in Spanien ein ihn nachhaltig erschütterndes, »traumatisches« Erlebnis, als er Zeuge wurde, wie der damals berühmte Torero Manolo Granero während eines Stierkampfes den Tod fand. Auf diese unmittelbare Konfrontation mit dem Tod antwortet Bataille jedoch nicht nur mit Gefühlen des Entsetzens, des Abscheus und der Angst, sondern die »Erfahrung« des Todes verbindet sich für ihn auch mit einer gewissen Art von Faszination, Erregung, ja Lust:

In »der Arena, in der sich die zahllose Menge von ihren Plätzen erhoben hatte, trat in irgendeinem Augenblick ein drückendes Schweigen ein; dieser theatralische Einzug des Todes, mitten im Fest, in der Sonne, hatte irgend etwas Sinnfälliges, Erwartetes, Unerträgliches. [...] Seitdem ging ich nie mehr zu Stierkämpfen, ohne daß die Angst mir die Nerven intensiv spannte. Die Angst milderte in keinem Maße das Verlangen, in die Arena zu gehen. Sie steigerte es im Gegenteil und paßte sich einer fieberhaften Ungeduld an. Damals begann ich zu begreifen, daß das Unbehagen oft das Geheimnis der größten Freuden ist. Die spanische Sprache besitzt, um diese Art von Erregung zu bezeichnen, die die Angst stillschweigend voraussetzt, ein präzises Wort, la emoción: es ist genau jenes Gefühl, das Stierhörner einflößen, die um Haaresbreite den Körper des Toreros verfehlen. Es handelt sich um eine gut definierte Kategorie von Empfindungen, wo mit der Gefahr die Wiederholung, die Geschwindigkeit, die Eleganz (in den Bewegungen des Körpers oder im Werfen einer Capa) zum Tragen kommen. Doch das Wesentliche dabei ist der Tod, der eine Haltung ständiger Herausforderung einleitet, die sich nur an der kaum vermiedenen Grenze einer Bewegung befindet, die um so mehr zu

Herzen geht, als sie langsam, genau, winzig klein ist. Erlebt zu haben, wie vor meinen Augen jemand stirbt, ließ mich mit einem Male gänzlich, ja bis zur Grenze des Erträglichen in das Innerste eines solchen Spiels eindringen.« (EH, 120)[2]

Man muß nicht unbedingt so weit gehen, Batailles theoretische und literarische Schriften als unablässige Versuche zu verstehen, die in jungen Jahren gemachten »traumatischen« Erfahrungen einer möglichst genauen, adäquaten Repräsentation zuzuführen, dennoch enthalten Batailles Schilderungen seiner Empfindungen während eines tödlich ausgehenden Stierkampfes bereits wesentliche Motive seines späteren theoretischen Ansatzes. Die im Zentrum seiner Theorie stehende ambivalente Erfahrung der Grenzüberschreitung, die zwischen Angst und Entsetzen auf der einen Seite, intensivem Verlangen und Lust auf der anderen Seite angesiedelt ist, wird hier ebensosehr vorweggenommen wie die mit der Grenzüberschreitung konstitutiv verbundene Erfahrung des Todes bzw. der Todesnähe. Für die folgende Darstellung des theoretischen Ansatzes Georges Batailles mag daher die anschauliche Beschreibung seiner ersten »traumatischen« Todeserfahrung als Motto vorangestellt werden, bis zu einem gewissen Grad können die folgenden Erläuterungen sogar als bloße Explikation dieser einen, fundamentalen Erfahrung gelesen werden.

Überblickt man jedoch zunächst Batailles biographischen und intellektuellen Werdegang, so findet man wenig Spektakuläres. Am 10. September 1897 wurde er als Sohn wohlhabender Bauern in Billom (Auvergne) geboren, von 1917 bis 1922 absolvierte er an der École des Chartes eine Ausbildung zum Archivar und Bibliothekar. Zeitlebens verdiente er seinen Lebensunterhalt auf »bürgerliche« Weise als Bibliothekar und Konservator an verschiedenen französischen und ausländischen Bibliotheken, darunter die berühmte Pariser Bibliothèque Nationale, in der auch

Walter Benjamin in den letzten Jahren seines Lebens arbeitete. Nach dem Einmarsch der deutschen Truppen in Paris während des Zweiten Weltkrieges bewies Bataille allerdings Zivilcourage, indem er das Hauptmanuskript von Benjamins *Pariser Passagen* in Gewahrsam nahm und es in der Bibliothèque Nationale versteckte.[3]

Neben seiner Tätigkeit als Bibliothekar bewegte sich Bataille in den zwanziger Jahren im Umkreis der damals avantgardistischen, künstlerischen, später auch dezidiert politisch motivierten Bewegung des Surrealismus um André Breton. Maßgeblich inspiriert durch die Entdeckungen der Psychoanalyse Sigmund Freuds beabsichtigten die Surrealisten, zu einer erweiterten (»supra-naturalen« bzw. »sur-realen«) Auffassung der Wirklichkeit zu gelangen, die auch diejenigen Phänomene (z. B. den Traum oder den Wahnsinn) integrieren sollte, die meist aus der alltäglichen Lebenswelt ausgeschlossen oder verdrängt werden. Im »Ersten Manifest des Surrealismus« (1924) forderte Breton die »künftige Auflösung dieser scheinbar so gegensätzlichen Zustände von Traum und Wirklichkeit in einer Art absoluter Realität, wenn man so sagen kann: Surrealität«[4].

Aber nicht nur Freuds Traumdeutung läßt sich als Einflußgröße auf den Surrealismus erkennen, darüber hinaus fand die von Freud im Rahmen seiner therapeutischen Bemühungen entwickelte Technik der »freien Assoziation« ihren Niederschlag in der surrealistischen »écriture automatique«, mit deren Hilfe der vorbewußte Bewußtseinsstrom seine sprachliche Artikulation finden, ja mit ihr zusammenfallen sollte. Erklärtes Ziel der Technik des automatischen Schreibens war ein »so rasch wie möglich fließender Monolog, der dem kritischen Verstand des Subjekts in keiner Weise unterliegt, der sich infolgedessen keinerlei Zurückhaltung auferlegt und der so weit wie nur möglich gesprochener Gedanke wäre«[5].

Mit dem surrealistischen Programm einer Erweiterung der Wirklichkeit verband sich gleichzeitig – gerade durch die explizite, oft schockierende Thematisierung des Verfemten oder Ausgegrenzten – ein radikaler, subversiver und kritischer Impuls sowohl gegen jede Form einer Absolutsetzung von Vernunft und Rationalität als auch gegen die bestehenden Formen der gesellschaftlichen Wirklichkeit. »›Surrealismus‹, das war vor allem die Relativierung und Entwertung der herrschenden, als ›normal‹ etikettierten Lebensweise im erweiterten Horizont der überhaupt vorfindlichen oder denkbaren menschlichen Erfahrungsformen und Praktiken, – das war die Rehabilitierung der tabuierten, indiskutablen, marginalisierten Lebensdimensionen: Traum, Sexualität, Psychose.«[6]

Obwohl Bataille mit einigen Surrealisten eng befreundet war – beispielsweise mit dem Ethnologen und Schriftsteller Michel Leiris, der ihn in den surrealistischen Kreis um Breton einführte, oder mit dem Maler André Masson, der einige von Batailles literarischen Werken illustrierte –, stand er der surrealistischen Bewegung immer mit Distanz gegenüber. »Batailles Beziehungen zum Surrealismus waren von Anfang an ambivalent. Zwar faszinierte ihn die Vorstellung von der Befreiung des Geistes aus den Zwängen von Vernunft und Logik, die der Bedeutung der emotionalen, irrationalen Seite der menschlichen Existenz gerecht zu werden versucht, doch er witterte in den im Manifeste du surréalisme formulierten Prinzipien der écriture automatique einen idealistischen Denkansatz, der seinem eigenen Bestreben zuwiderlief, die Totalität des menschlichen Seins zu erfassen.«[7] Batailles Vorbehalte gegenüber der surrealistischen Bewegung richteten sich vor allem gegen den (letztlich idealistischen) Versuch der Surrealisten, sich der als »supra-natural« erkannten, Denken und Sprache transzendierenden Wirklichkeit dennoch – wenn auch jetzt mit anderen Mitteln – zu versichern. Als Breton Ende der zwanziger Jahre eine radikale politische Wende der Surrealisten zum Kommunismus verlangte und vollzog, kam es konsequenterweise zu einer Spaltung der surrealistischen Bewegung, deren Dissidenten sich nun um Bataille versammelten. Zwar bekannte sich Bataille zu dieser Zeit wie Breton und die Surrealisten zu Marxismus und politischem Engagement, beispielsweise schloß er sich der linksintellektuellen, antifaschistischen Gruppe »Contre-Attaque« an, aber die von Breton zu diesem Zeitpunkt geforderte Unterordnung des Surrealismus unter politische Zielsetzungen, die einen Verzicht auf alle individuellen Bestrebungen und Betätigungen implizierte, erregte seinen heftigen Widerwillen.

Nach dem Bruch mit Breton und der surrealistischen Bewegung trat Bataille als Gründer und Herausgeber verschiedener (avantgardistischer) Zeitschriften hervor, in denen er bis dahin unbekannten Künstlern, Philosophen und Wissenschaftlern ein Publikationsforum bot. 1929 gründete er zusammen mit Michel Leiris und Carl Einstein die – bereits 1931 wieder eingestellte – interdisziplinär angelegte Zeitschrift »Documents«, 1946 die bis heute existierende Zeitschrift »Critique«. Bataille blieb zunächst der subversiven, anarchistischen »Praxis« der Surrealisten treu, indem er das – auch mit einem »wissenschaftlichen« Anspruch verbundene – Projekt einer Heterologie verfolgte. Es geht dabei um eine »Erforschung des Heterogenen im weitesten Sinne, das heißt dessen, was vom Tod und der Gewalt spricht und damit notwendig von jeder Form von System ausgeschlossen ist«.[8] Mit dem Begriff des Heterogenen werden »die beunruhigendsten Phänomene«[9] bezeichnet, Phänomene, die Verwirrung, Abscheu, Ekel, ja (Todes-)Angst hervorrufen. In der Regel werden diese Phänomene aus der alltäglichen, geordneten, »homogenen« Realität verdrängt, die »sich unter dem abstrakten und neutralen Aspekt von Objekten dar[stellt], die exakt definierbar und identifizierbar sind« (PSF, 17). Um sowohl die heterogenen, jedoch nicht weniger realen Phänomene aufzudecken als auch die homogene Realität in ihren scheinbar gesicherten Fundamenten zu erschüttern, widmet sich Bataille ausgiebig wertlosen, lächerlichen, häßlichen, »unmöglichen« Gegenständen und Aktivitäten (z. B. dem großen Zeh, abgehackten Beinen geschlachteter Tiere, Gebeinen, aber auch der Exkretion oder der obszönen Sexualität).[10] »In seinen Texten geht er Ab-orten nach, verdrängten oder mit Tabus belegten Bereichen, spürt Abweichungen oder Bizarrerien der Natur auf, untersucht Un-dinge – was niemand anfaßt, was die Kultur ausscheidet.«[11]

Gerade aufgrund ihres abstoßenden, zersetzenden Charakters erfüllen die von Bataille aufgespürten heterogenen Phänomene und die mit ihnen verbundenen Erfahrungen der Auflösung, der Entgrenzung und des Todes eine präzise Funktion innerhalb seines theoretischen Ansatzes. Im Rahmen einer alternativen Konzeption des »niederen Materialismus« stellt Bataille diese »phénomènes bruts« (M, 180) in den Dienst einer radikalen Kritik idealistischer Ansätze. Seiner Ansicht nach kann nur eine konsequente Zuwendung zu den heterogenen, niederen Phänomenen den Fehler auch noch der meisten materialistischen Ansätze vermeiden, in letzter Konsequenz wiederum in idealistische Denkformen zurückzufallen. »La plupart des matérialistes [...] ont situé la matière morte au sommet d'une hiérarchie conventionelle des faits d'ordre divers, sans s'apercevoir qu'ils cédaient ainsi à l'obsession d'une forme ideale de la matière, d'une forme qui se rapprocherait plus qu'aucune autre de ce que la matière devrait être.« (M, 179) (Die meisten Materialisten haben die tote Materie an die Spitze einer herkömmlichen Hierarchie von Tatsachen unterschiedlichen Rangs gestellt, ohne zu bemerken, daß sie auf diese Weise der fixen Idee einer idealen Gestalt der Materie nachgeben, einer Gestalt, die sich mehr als jede andere dem nähert, was die Materie [ihrer Meinung nach] zu sein hätte.) Um eine solche

»idealistisch-materialistische« Position zu vermeiden, um also das Materielle letztlich nicht doch wieder zum Substrat der gesellschaftlich-geschichtlichen Wirklichkeit (bzw. aller Lebenserscheinungen) zu erheben, verfolgt Bataille eine radikal antireduktionistische Strategie. Er setzt die auf Objektivität ausgerichtete, homogenisierende Form der Subjektivität ebenso wie die mit dieser einhergehende homogene Realität der »Ungehörigkeit und [...] erschütternde[n] Rücksichtslosigkeit« (NM, 14) der niederen Materie aus. »Batailles Allergie gilt dem Hegelschen Panlogismus, dem Willen zur Homogenisierung, Vereinnahmung, zur Auflösung der Widersprüche qua Reduktion oder Abstraktion«[12], deshalb sucht er konsequenterweise nach einem (»unmöglichen«) Standpunkt, der es aus sich selbst heraus erlaubt, jeglichem Prozeß von Homogenisierung und Objektivierung Einhalt zu gebieten. Die niederen, heterogenen Elemente und die durch sie vermittelten Erfahrungen der Auflösung und des Todes eignen sich für diese Strategie insofern, als sie überhaupt nicht in der Lage sind, solche (idealen) Einheiten zu konstituieren[13], da sie die Bewegung der Destruktion immer schon von selbst durchlaufen. Bataille unterwirft sich daher »dem, was man wirklich Materie nennen muß – da es außerhalb von mir und der Idee existiert –, völlig; und in diesem Sinne lasse ich es nicht zu, daß meine Vernunft die Grenze dessen wird, was ich gesagt habe, denn ginge ich so vor, würde die durch meine Vernunft eingeschränkte Materie alsbald die Bedeutung eines höheren Prinzips annehmen« (NM, 14).

Mit Heterologie und niederem Materialismus schreitet Bataille somit auf konsequente, d. h. antiidealistische Weise den surrealistischen Erfahrungsraum aus, gleichzeitig geht er aber auch über die subversive »Praxis« der Surrealisten hinaus, insofern er seine Konzeption einer Heterologie in der Schrift *Die psychologische Struktur des Faschismus* (1933) auch als theoretischen oder »wissenschaftlichen« Bezugsrahmen für eine sozialpsychologische Analyse des italienischen und deutschen Faschismus fruchtbar macht. Bataille weist hier neben dem Schrecken und der Abscheu auf die gleichzeitige Faszination hin, die von der heterogenen Seite der »Realität« ausgeht und die die unkontrollierbaren, unbewußten Schichten der menschlichen Persönlichkeit affiziert. Diese Tatsache machten sich laut Bataille die faschistischen Führer, insbesondere in den von ihnen organisierten Massenveranstaltungen, zunutze, um die Massen zu steuern und auf ihre Seite zu bringen: »Der affektive Strom, der den Führer mit seiner Gefolgschaft verbindet in der Form der moralischen Identifizierung der Gefolgschaft mit dem Führer (und umgekehrt), ist Funktion eines gemeinsamen Bewußtseins von sich steigernden, gewaltsamen, ins Maßlose anwachsenden Energien, die sich in der Person des Führers akkumulieren und in ihr unbegrenzt verfügbar werden.« (PSF, 19)

Bataille geht es allerdings nicht um eine Legitimierung oder gar Verherrlichung von Faschismus und Totalitarismus [14], sondern ihn interessiert die von charismatischen Führerfiguren ausgehende grundsätzliche Faszination. Da er seine Analyse des Faschismus nicht zuletzt in der Hoffnung durchführt, »ein systematisches Wissen zu entwickeln, das es erlaubt, die affektiven sozialen Reaktionen, die den Überbau durchzucken, vorauszusehen – vielleicht sogar, bis zu einem gewissen Grad, frei über sie zu verfügen« (PSF, 42), impliziert eine Analyse des Faschismus im Sinne Batailles auch, daß nach dem jeweiligen Standort gefragt werden muß, den der einzelne gegenüber dem Phänomen des Faschismus bzw. gegenüber den faschistischen Führern als quasisakralen Personen einnehmen kann. Damit wird neben dem Einfluß der Psychoanalyse [15] (und Max Webers Analysen charismatischer Herrschaft [16]) auch der Einfluß der Religionssoziologie Emile Durkheims [17] (bzw. der Durkheimschule) auf Bataille erkennbar.

1937 gründete Bataille mit Roger Caillois, Michel Leiris u. a. das »Collège de sociologie« mit dem Ziel, aus der Heterologie eine »Soziologie des Heiligen« zu entwickeln, die die ambivalente Struktur des Heterogenen in den Zusammenhang des von Durkheim analysierten, sowohl anziehenden als auch abschreckenden Heiligen stellte und nach Ersatzformen oder funktionalen Äquivalenten des Heiligen in modernen Gesellschaften suchte.[18]

In den vierziger Jahren veröffentlichte Bataille unter dem Titel *La Somme athéologique* eine Reihe philosophischer Schriften, u. a. *L'Expérience intérieure* (1943), *Le Coupable* (1943) und *Sur Nietzsche* (1945). In der »atheologischen Summe«, eine dem Denken Nietzsches verpflichtete Sammlung unzusammenhängender, aphoristischer Texte und Skizzen, umkreist Bataille die paradoxe »Denkform« – oder besser – die innere, aber gleichwohl souveräne Erfahrung des Verlustes, der Auflösung und der Todesnähe. Wie Nietzsche geht auch er davon aus, daß nach dem »Tod Gottes« jede Möglichkeit einer letzten, metaphysischen Orientierung verschwunden ist. Folglich fällt die bis dahin hierarchisch und übersichtlich geordnete Welt gleichsam in sich selbst zusammen, so daß der Mensch radikal auf sich selbst zurückgeworfen ist und die Erfahrung äußerster Sinnlosigkeit, vollständiger Verlassenheit macht. »L'homme a lui seul, considéré sans Dieu, est insoutenable, c'est un être purement problématique.« (NJ, 461) (Der Mensch für sich allein, als Wesen ohne Gott betrachtet, ist unerträglich, ein durch und durch fragwürdiges Wesen.)[19] Für Bataille setzt der Tod Gottes den Menschen in letzter Konsequenz der zufälligen, rücksichtslosen Logik einer niederen Materie aus, die sich nicht mehr auf »die großen ontologischen Maschinen« (NM, 14) reduzieren läßt. Notwendigerweise zum Scheitern verurteilt sind daher sämtliche Versuche der philosophischen Tradition von Platon bis Husserl, für das Subjekt einen (erkenntnistheoretischen) Standort zu finden, von dem aus das Ganze der Welt von außen beobachtet werden könnte.

Dennoch entdeckt Bataille in dem Tod Gottes und der dadurch erfolgenden Auflösung einer äußeren Grenze einen sich jetzt erst eröffnenden Erfahrungsraum, innerhalb dessen der Mensch die früher von Gott in Anspruch genommene Totalität, Freiheit und Souveränität für sich selbst reklamieren kann. »Der Tod Gottes, der unserer Existenz die Grenze des Unbegrenzten nimmt, führt sie zu einer Erfahrung zurück, in welcher nichts mehr die Äußerlichkeit des Seins ankündigen kann, also zu einer inneren und souveränen Erfahrung.«[20] Gerade diese innere, souveräne Erfahrung erlaubt es, auf der einen Seite der Einsicht in die unhintergehbare Immanenz menschlichen Handelns und Erkennens Rechnung zu tragen, auf der anderen Seite aber gleichzeitig einen Ort zu finden, der gerade *innerhalb der Welt* die Immanenz von Denken und Sprache transzendiert und die souveräne Erfahrung von Ganzheit und Totalität gewährleistet. Bataille findet diesen Ort in der (zeitweise möglichen) Konfrontation mit dem sogenannten Heiligen, in den ekstatischen Zuständen des Opfers, des Festes oder der Sexualität, die eine Aufhebung und Überschreitung jeglicher Grenzen (vor allem der Grenze der Subjektivität und der diskursiven Sprache) zur Folge haben und die durch die Erfahrung von Verlust, Auflösung und Tod bzw. Todesnähe paradoxerweise zu einer totalen Identifikation und unmittelbaren, »mystischen« Verschmelzung des Menschen mit dem Ganzen der Welt führen.

»Wenn ich die Erkenntnis will, strebe ich über einen Umweg danach, das Ganze der Welt zu werden: aber in dieser Bewegung kann ich kein ganzer Mensch sein, ich ordne mich einem besonderen Zweck unter: das Ganze zu werden. [...] Dieser ganze Mensch kann ich nur werden, wenn ich aufgebe. Ich kann es nicht durch meinen Willen sein: mein Wille ist zwangsläufig der, ein Ergebnis zu erlangen! Aber wenn das Unglück (oder das Glück) es will, daß ich aufgebe, dann werde ich wissen, daß ich der ganze

Mensch bin, der keiner Sache untergeordnet ist. Mit anderen Worten: [...] um das Ganze der Welt zu sein, müßte der Mensch hierfür sein Prinzip aufgeben: nichts von dem zu akzeptieren, was er ist, außer das Jenseits dessen anzustreben, was er ist. Dieses Wesen, das ich bin, ist Revolte des Wesens, ist die unbestimmte Begierde: Gott war für es nur eine Etappe.« (SN, 202)[21]

Die paradoxe Denkfigur einer sich nur über die Selbstaufgabe des Menschen konstituierenden souveränen Erfahrung von Totalität verbindet Batailles radikalen, »atheologischen« Standpunkt nicht nur mit Nietzsches »übermenschlicher« Bejahung einer nach dem Tod Gottes unhintergehbar gewordenen Immanenz, sondern bis zu einem gewissen Grad auch mit der Dialektik Hegels.[22] In der Vorrede zur *Phänomenologie des Geistes* betont Hegel die konstitutive Rolle der Auflösung und des Todes für die dialektische Bewegung des zu sich selbst kommenden Geistes: »Der Tod, wenn wir jene Unwirklichkeit so nennen wollen, ist das Furchtbarste, und das Tote festzuhalten das, was die größte Kraft erfodert. [...] Aber nicht das Leben, das sich vor dem Tode scheut und von der Verwüstung rein bewahrt, sondern das ihn erträgt und in ihm sich erhält, ist das Leben des Geistes. Er gewinnt seine Wahrheit nur, indem er in der absoluten Zerrissenheit sich selbst findet.«[23]

An der Hegelschen Philosophie bzw. an dessen *Phänomenologie des Geistes*, deren Kenntnis Bataille den einflußreichen Hegel-Vorlesungen Alexandre Kojèves in den dreißiger Jahren verdankt, interessiert Bataille vor allem die Genese des Selbstbewußtseins, die Hegel im Kapitel über die Dialektik von Herrschaft und Knechtschaft entwickelt. Damit sich der Herr überhaupt als ein freies, selbständiges und selbstbewußtes Wesen zu konstituieren vermag, muß er im Kampf um seine Anerkennung als Herr zunächst sein eigenes Leben aufs Spiel setzen, muß er das Risiko seiner eigenen Vernichtung und seines Todes eingehen. Dadurch unterscheidet er sich vom Knecht, der nicht bereit ist, ein solches Risiko einzugehen. In letzter Konsequenz bleibt der Herr aber in den Augen Hegels unlösbar an den Knecht gebunden, insofern dieser der einzige ist, der den ihn überwindenden Herrn als solchen überhaupt anerkennen kann. »Nur durch die Vermittlung des knechtischen Bewußtseins in der Bewegung der Anerkennung gewinnt der Herr ein Verhältnis zu sich selbst und kann sich das Selbstbewußtsein konstituieren.« [24] In dem über die Anerkennung des Knechts sich herausbildenden Selbstbewußtsein des Herrn offenbart sich damit die Abhängigkeit des Herrn vom Knecht, so daß als »wahrer« Ort der Herrschaft nun ein sich (dem Knecht) unterordnendes (Selbst-)Bewußtsein erscheint. »Hier bricht Bataille in ein Gelächter aus [...]. Die Unabhängigkeit des Selbstbewußtseins wird in dem Augenblick lächerlich, wo es sich durch Unterwerfung befreit.« [25] Für Bataille ereignet sich in der Hegelschen Dialektik der Anerkennung des Herrn durch den Knecht nicht eine im authentischen Sinne verstandene Erfahrung von Selbständigkeit und Freiheit. Im Gegensatz zu Hegels Verständnis von Herrschaft versucht er daher, mit Hilfe des »Begriffs« der Souveränität im Anschluß an Nietzsche Freiheit als rückhaltlose Verausgabung zu begreifen, welche keine das Wagnis des Todes letztlich immer aufhebende Bewegung der Anerkennung zuläßt.

Neben dem Versuch, sich der inneren, souveränen Erfahrung der Grenzüberschreitung, die den einzelnen mit der Totalität des Seins verbindet, theoretisch anzunähern, laboriert Bataille seit den dreißiger Jahren an der systematischen Konzeption einer »Allgemeinen Ökonomie«. In dieser versucht er, mit Hilfe sozialanthropologischer, ethnologischer und soziologischer Untersuchungen (beispielsweise von Marcel Mauss, Roger Caillois oder Max Weber) die Erfahrung der Grenzüberschreitung zu einer allgemeinen, alle Lebensäußerungen und Gesellschaftsformationen beherrschenden Ökonomie der Verausgabung, der Verschwendung, des Verlustes und des Todes auszuweiten. An der Allgemeinen Ökonomie, die nicht nur der traditionellen Form der politischen Ökonomie diametral entgegensteht, sondern gerade die Möglichkeit dieser besonderen Form der (politischen) Ökonomie allererst begründen soll, arbeitete Bataille insgesamt zwanzig Jahre lang, bis er 1949 eine erste systematische Konzeption in der Schrift »Der verfemte Teil« (»La Part maudite«) vorlegen kann. Diese Schrift, die heute als sein theoretisches Hauptwerk gilt, ist selbst nur Teil eines von ihm geplanten, aber nicht vollendeten dreiteiligen Projekts unter dem gleichlautenden Titel »La Part maudite«. Neben der ökonomischen Grundlegung sollte es sowohl einen Teil über Erotik und Sexualität als auch einen über die Souveränität und Freiheit des Menschen enthalten. Bis zu einem gewissen Grad liegen die übrigen Teile dieses Projekts in Form der beiden (illustrierten) Bücher *Die Erotik (L'Érotisme)* (1957) und *Die Tränen des Eros* (1957) vor; zur Problematik der Souveränität existiert ein Fragment, das zwischen 1949 und 1956 entstand, und ein daraus herausgelöster Text »Die Souveränität« (1956). Weitere Werke, in denen Bataille vor allem seine Allgemeine Ökonomie entwickelt, sind neben dem kurzen Aufsatz »Die Ökonomie im Rahmen des Universums« (1946) »La Limite de l'utile«, eine 1945 aufgegebene Vorstufe von »Der verfemte Teil«.

Wie Jean-Paul Sartre, Albert Camus oder Michel Leiris beschränkte sich Bataille nicht ausschließlich auf theoretische Reflexionen und Erörterungen, sondern betätigte sich gleichzeitig als Schriftsteller und versuchte, sein Anliegen auch mit Hilfe literarischer Texte vorzubringen. Mit der Erzählung »Die Geschichte des Auges« trat Bataille 1928 zum ersten Mal an die Öffentlichkeit, allerdings unter dem Pseudonym »Lord Auch«, da er fürchtete, sich aufgrund des obszönen Inhalts seiner Erzählung zu kompromittieren. Neben weiteren Erzählungen, zum Beispiel »Madame Edwarda« (1941), »Meine Mutter« (postum 1966) oder »Der Tote« (postum 1967), verfaßte er auch zwei Romane: *Abbé C.* (1953) und *Das Blau des Himmels* (1957), in denen wie in den Erzählungen eine radikalisierte, obszöne Form der Sexualität im Mittelpunkt steht.

Bataille geht es in seinen obszönen literarischen Werken allerdings nicht lediglich darum, die mit der sexuellen Erregung oder Ausschweifung verbundene Auflösung von Denken und Sprache mit literarischen Mitteln ins Werk zu setzen, d.h. den Punkt zu erreichen, »an dem der Sinn verschwimmt, der Taumel aber bestehen bleibt, von dem das verliebte Subjekt beim Anblick des nackten, erhabenen oder abstoßenden Körpers des Geliebten erfaßt wird«[26]. Darüber hinaus verfolgt Bataille mit seinen literarischen »Ausschweifungen« dasselbe Ziel, das er auch in seinen theoretischen Arbeiten der vierziger Jahre verfolgt, nämlich den einzelnen über die innere Erfahrung der Grenzüberschreitung noch einmal mit der Totalität des Seins zu verbinden, die nach dem Tod Gottes für immer verlorengegangen zu sein scheint. Das »Unsichtbare, das früher Gott war, ist in der dramatischen Erfahrung des denkenden Tiers nichts anderes als das Obszöne: das hinter der Szene Liegende, das Undarstellbare, das dennoch in den Lücken der darstellenden Textur (Sprache, Diskurs oder Erzählung) insistierend aufscheint«[27].

Außer den literarischen Versuchen und theoretischen Abhandlungen enthält das Werk Batailles aber auch eine dezidierte Literaturtheorie, die Bataille hauptsächlich in der Aufsatzsammlung *Die Literatur und das Böse* (1957) niedergelegt hat. Sie enthält Interpretationen zu Texten von Brontë, Baudelaire, Sade, Genet u. a.[28] Um Literatur im Sinne Batailles handelt es sich immer dann, wenn es Leser und Autor gelingt, sich gegenseitig aufzuheben, d.h. die Grenzen ihrer jeweils isolierten Existenzweise auszulöschen, um dadurch einen Zustand »souveräner Kommunikation« zu erreichen. »Literatur ist Kommunikation.« (LB, 168) Sie ist »jenes souveräne Unternehmen, das die Kommunikation festhält wie einen geronnenen Augenblick – oder eine Folge von Augenblicken – losgelöst nicht nur vom Werk, sondern gleichzeitig auch von der Lektüre« (LB, 168). Für Bataille liest der Leser daher »um seiner eigenen Ausschaltung willen«, »um durch diese Ausschaltung seines isolierten Daseins souverän zu werden« (LB, 169), wie umgekehrt die Schreibenden im Prozeß des Schreibens ihre eigene »unzulängliche Person, die ihren souveränen Augenblicken nicht gewachsen ist, [...] überschreiten« (LB, 172).

Als Georges Bataille am 9. Juli 1962 im Alter von fast 65 Jahren starb, »war er einsam und relativ unbekannt. Nur einem kleinen Kreis von Intellektuellen, Künstlern und Literaten waren seine Thesen geläufig, vielen mag er lediglich als einer der Dissidenten des Surrealismus im Gedächtnis geblieben sein, da er von Breton im Second manifeste du surréalisme besonders heftig attackiert worden war. Und bei einigen seiner Zeitgenossen hatte sich im übrigen auch das Bild eines Autors pornographischer Romane verfestigt, dessen Bücher allenfalls unter dem Ladentisch gehandelt werden können.«[29] Bataille spielte innerhalb der französischen Geistesgeschichte eine bedeutende Rolle, gerade auch als Förderer avantgardistischer Bestrebungen; und er stand mit nahezu allen einflußreichen Literaten, Künstlern und Philosophen seiner Zeit in Kontakt, außer mit den Surrealisten vor allem mit dem einflußreichen Philosophiedozenten und Hegel-Interpreten Alexandre Kojève, mit dem Psychoanalytiker Jacques Lacan, der später Sylvia Bataille heiratete, mit Jean-Paul Sartre und Simone de Beauvoir, mit Albert Camus oder Pablo Picasso. Dennoch bewegte er sich – vielleicht auch aufgrund seines unscheinbaren und unprätentiösen »bürgerlichen« Lebensstils – immer nur an den Rändern der intellektuellen Szene Frankreichs.

»Ein wesentlicher Grund dafür, daß das Werk Georges Batailles zu seinen Lebzeiten so wenig Anerkennung fand, liegt darin, daß er sowohl in der Gruppe der Surrealisten, deren Haltung sich an dem Verdikt Bretons orientierte, als auch im Existentialismus Sartrescher Prägung, der die literarische Szene der Nachkriegszeit entscheidend beherrschte, praktisch nicht rezipiert wurde.« [30] Sartre beispielsweise schrieb nach Batailles Veröffentlichung von *L'Expérience intérieure* 1943 – in diesem Jahr erschien auch Sartres erstes philosophisches Hauptwerk *Das Sein und das Nichts* – eine vernichtende Kritik unter dem Titel »Ein neuer Mystiker«. [31] Sartre, der über einen sehr langen Zeitraum die intellektuelle Szene Frankreichs bestimmte, fürchtete in Bataille offenbar einen ernstzunehmenden Konkurrenten.

Das Ausbleiben einer Rezeption Batailles hat allerdings noch eine weitere, in seinem Werk selbst liegende Ursache: Eine Theorie, die sich konsequent zum Ziel setzt, das in der alltäglichen Lebenswelt (in der Regel mit Angst besetzte) Ausgeschlossene und Verfemte zu thematisieren, eine Theorie, die dem sinnlosen Verlust, der Verausgabung, der Zerstörung und dem Tod den Vorrang vor dem Wachstum, der Produktion und dem »Leben« gibt, eine Theorie, die auf eine Grenzerfahrung rekurriert, die mit sprachlichen Mitteln letztlich nicht mehr erfaßt werden kann, stößt fast zwangsläufig auf Unverständnis und Ablehnung. Hinzu kommt die für das Werk Batailles konstitutive kryptische Schwerverständlichkeit. Da »das Unmögliche, über das Bataille nachgedacht hat, immer die folgende Form haben wird: wie kann, was nach der Erschöpfung des philosophischen Diskurses die von dieser allgemeinen Logik beherrschten begrifflichen Gegensätze übersteigt, in die Lexik und Syntax einer Sprache, der unsrigen nämlich, die auch die der Philosophie ist, eingeschrieben werden« [32], findet das Verständnis Batailles eine natürliche Grenze. »Der Interpret sieht sich mit einer Struktur konfrontiert, die man als fundamentale Zweideutigkeit bezeichnen kann. Zweifellos ist es Bataille Ernst mit dem, was er schreibt [...]: das Denken Batailles hat [aber] etwas Schlafwandlerisches; beim Namen genannt, stürzt es ab.«[33]

Wie also kann man einen Zugang zu dem notorisch schwierigen Werk Georges Batailles finden, falls man nicht bereits an dieser Stelle endgültig abgeschreckt ist? Kann man sich überhaupt dem »unmöglichen« theoretischen Ansatz Batailles annähern, ohne seine wesentlichen Gehalte zu verfehlen, die darin zu bestehen scheinen, selbst das Denken und die Sprache dem Verlust auszusetzen und zu entgrenzen? Einen Ausweg könnte allerdings der von Bataille aufgestellte Plan seines Projektes »La Part maudite« weisen, der den Interpreten Batailles immerhin einen (groben) Leitfaden an die Hand gibt, mit dessen Hilfe sie sich innerhalb des theoretischen Werkes orientieren können, das dann »in drei Bereiche zerfällt: eine Allgemeine Ökonomie, eine Geschichte der Erotik und eine Theorie der Souveränität (die ihrerseits die Theorie der Literatur, die Theorie der Religion und die Geschichtsphilosophie umfaßt)«[34].

Im Falle der vorliegenden Einführung soll dieser Leitfaden zumindest insoweit berücksichtigt werden, als für die Rekonstruktion des Batailleschen Ansatzes die Konzeption der Allgemeinen Ökonomie als Einsatzstelle gewählt wird, um im Anschluß daran die damit verbundenen radikalen Konsequenzen hinsichtlich der menschlichen Subjektivität sichtbar zu machen. Da jedoch die Allgemeine Ökonomie als eine Ökonomie der Verschwendung, des Verlusts und des Todes herkömmlichen ökonomischen Modellen diametral entgegengesetzt ist, muß zuvor der Boden für ein Verständnis dieser alternativen Fassung der Ökonomie bereitet werden. Hier bieten sich Sigmund Freuds metapsychologische Reflexionen an, denen Bataille – neben Marcel Mauss' Analyse des Potlatsch – gewisse Anregungen für seine

Annahme einer Allgemeinen Ökonomie verdankt, derzufolge (Energie-)Überschüsse nur zeitweilig durch Akkumulation gebunden, sonst aber notwendig »in glorioser oder in katastrophischer Form« »ohne Gewinn verlorengehen und verschwendet werden« (VT, 45). In seinen metapsychologischen Schriften beschreibt Freud den psychischen Apparat u. a. unter dem ökonomischen Gesichtspunkt der Reduktion – und damit aus der Perspektive Batailles der Verschwendung und des Verlusts – von Triebenergie. Darüber hinaus entwirft Freud ab 1920, beginnend mit der Schrift *Jenseits des Lustprinzips*, einen Todes- bzw. Destruktionstrieb, den er neben den Lebenstrieben (Eros) zur fundamentalen Kategorie der psychoanalytischen Triebtheorie erklärt und der bereits innerhalb des ökonomischen Gesichtspunkts der Spannungsreduktion angelegt ist.

Batailles Allgemeine Ökonomie führt aber vor allem in gesellschaftstheoretischer Hinsicht zu interessanten Beobachtungen. Zunächst bietet sie ein Kriterium an, das es erlaubt, auf idealtypische Weise verschiedene Gesellschaftsformationen voneinander zu unterscheiden, und zwar je nachdem, wie eine Gesellschaft den sich letztlich immer in Form von Verlusten und gewaltsamen Zerstörungen manifestierenden, kontingenten Energiebewegungen Rechnung zu tragen vermag. In diesem Zusammenhang macht Bataille die – von ihm unter einer kosmologisch-lebensphilosophischen Perspektive analysierten – Energiebewegungen für die konstitutive Instabilität und Endlichkeit jeglicher Gesellschaftsformation verantwortlich. Jede Gesellschaft ist somit dazu gezwungen, sich vor den unhintergehbaren, gefährlichen, Gewalt und Tod verursachenden Energiebewegungen mit Hilfe bestimmter Institutionen und Praktiken zu schützen. Verbote übernehmen eine für die Gesellschaft lebenswichtige Schlüsselfunktion, bedrohlich erscheinende Ereignisse, Personen oder Dinge auszugrenzen und gewalttätige Handlungen zu verhindern, wodurch sich die relativ stabile, alltägliche Lebenswelt konstituiert. Dennoch führen Verbote niemals zu einer endgültigen Elimination von Gewalt und Tod, für Bataille bilden sie im Gegenteil geradezu die Voraussetzung für ihre (periodisch erfolgende) Überschreitung. Verantwortlich für solche Grenzüberschreitungen sind aber nicht nur die mit Verboten verbundene Faszination und Attraktivität, die immer wieder zu einer (zwangsläufigen) Überschreitung von Verboten führen. Darüber hinaus erfüllen zeitweilige Entfesselungen von Gewalt und Tod auch eine lebenswichtige Funktion innerhalb einer Gesellschaft, insofern sie – wie Victor Turners Analyse von Ritualen »archaischer« Gesellschaften beispielhaft zeigen wird – eine Regeneration und strukturelle Neuausrichtung der Gesellschaft bewirken.

In der vorliegenden Einführung steht allerdings in letzter Konsequenz die von Bataille beschriebene innere Erfahrung der Grenzüberschreitung im Mittelpunkt des Interesses. Die Rekonstruktion seines theoretischen Ansatzes geschieht damit unter einer zunehmenden Verengung (oder schärferen Einstellung) des Blickwinkels. Von der zunächst unter einer kosmologisch-lebensphilosophischen Perspektive eingeführten Allgemeinen Ökonomie verlagert sich der Fokus über eine »Innenansicht« von Gesellschaft(en) immer stärker auf die Ebene der Subjektivität, auf die Ebene subjektiver, idiosynkratischer Erfahrung. Bataille beschreibt die Erfahrung der Grenzüberschreitung als »mystische« Erfahrung, als intensive Erfahrung von Einheit und Kontinuität. Diese ereignet sich innerhalb einer – sich gerade durch Verbote konstituierenden – diskontinuierlichen Welt der Differenzen, in der sich der einzelne als isoliertes, entfremdetes Wesen vorfindet, durch eine Entgrenzung, Auflösung und Zerstörung des Prinzips der Individualität. Diese innere Erfahrung der – die menschliche Subjektivität dezentrierenden – Transgression läßt sich jedoch durch das diskursive Medium der Sprache immer nur annäherungsweise ausdrücken, da auch Sprache und Vernunft der Welt der Differenzen angehören. Für Bataille (wie für seine Interpreten) bedeutet dies, daß er lediglich an den jeweiligen Erfahrungsschatz des Lesers appellieren kann. Die Erfahrung der Grenzüberschreitung ist letztlich nur denjenigen zugänglich, die sie bereits kennen.

Insofern die Erfahrung der Grenzüberschreitung zu ekstatischen Zuständen vollkommener Harmonie, Einheit und Kontinuität führt, kann sie auch – selbst über die Intentionen Batailles hinaus – als utopische Erfahrung beschrieben werden. Die Erfahrung der Grenzüberschreitung läßt sich Bataille zufolge jederzeit für kurze Momente, für Bruchteile von Sekunden oder Minuten innerhalb der gegenwärtigen Form der Gesellschaft verwirklichen, so daß Utopisches innerhalb einer Gesellschaft immer bereits anwesend ist. Für die Frage nach den utopischen Potentialen des theoretischen Ansatzes Batailles gilt daher dasselbe wie für den erkenntnistheoretischen Standpunkt, den er in den Schriften der vierziger Jahre entwickelt: In der Immanenz des endlichen und partikularen menschlichen Lebens kann zumindest für kurze Augenblicke die utopische Erfahrung von Totalität, Ganzheit und Vollendung des Menschen und seiner Welt gemacht werden.

Die – einen utopischen Kern enthaltende – Erfahrung der Grenzüberschreitung ereignet sich aber nicht allein auf der Ebene der Subjektivität, sondern zeitigt auch auf der Ebene der Intersubjektivität entscheidende Konsequenzen. Ausgehend von der Erfahrung der Grenzüberschreitung entwickelt Bataille eine allgemeine Theorie der Kommunikation jenseits sprachlicher Verständigung, derzufolge eine im emphatischen Sinne verstandene Form der Kommunikation nur noch in schwerwiegenden Momenten totaler, über Sinnlichkeit und Körperlichkeit vermittelter Entgrenzungen funktioniert. Mit Hilfe der Batailleschen Theorie einer »allgemeinen« Kommunikation lassen sich so Kommunikationsprozesse in modernen Gesellschaften unter einer grundsätzlich anderen, eher ungewohnten Perspektive beobachten, so daß nicht nur die durchgängigen Differenzen innerhalb moderner Gesellschaften ernstgenommen, sondern auch sogenannte irrationale, sprachlich nicht mehr adäquat repräsentierbare Phänomene analysiert werden können, ohne ihnen lediglich fassungslos gegenüberzustehen. Auf exemplarische Weise wird dies anhand der heute (insbesondere in modernen Industriegesellschaften) immer dringlicher werdenden Problematik »sinnloser Gewalthandlungen« demonstriert.

Die Fruchtbarkeit des theoretischen Ansatzes Georges Batailles zeigt sich jedoch nicht nur auf der Ebene soziologischer oder sozialpsychologischer Fragestellungen und Analysen, sondern auch in philosophischer oder erkenntnistheoretischer Hinsicht. Durch die sich in der Erfahrung der Grenzüberschreitung vollziehende Brechung und Entmachtung des »philosophischen« Subjekts eröffnet Bataille einen Denk- und Erfahrungsraum, der von postmodernen (d. h. poststrukturalistischen bzw. dekonstruktionistischen) Autoren u. a. in der Nachfolge Batailles auf konsequente Weise ausgeschritten wurde.

In Frankreich wurden die Schriften Batailles – nach der polemischen und verzerrenden Rezeption durch André Breton und Jean-Paul Sartre – zum ersten Mal intensiv rezipiert, als die Vertreter der damaligen philosophischen Avantgarde im Umkreis des Strukturalismus versuchten, sich von dem bis dahin dominierenden Existentialismus (insbesondere in der Sartreschen Version) abzusetzen. Eine Schlüsselstellung nimmt hier Michel Foucaults Aufsatz »Vorrede zur Überschreitung« ein, der 1963 anläßlich des Todes Batailles in einer Sondernummer der Zeitschrift »Critique« erschien und den Weg für eine erste angemessene Rezeption des Batailleschen Werkes ebnete.[35]

Den Abschluß der vorliegenden Einführung bildet daher eine

vor allem unter der Perspektive sogenannter postmoderner Theoriebildungen vorgenommene Diskussion und Kritik des theoretischen Ansatzes Georges Batailles. Dabei soll auf exemplarische Weise sein Einfluß auf die theoretischen Ansätze von Michel Foucault, Jacques Derrida und Jean Baudrillard untersucht werden. Aus der Perspektive postmoderner Theoriebildungen zeigen sich allerdings auch die Grenzen des theoretischen und literarischen Werkes Batailles. Zwar hat er durch die Thematisierung der Auflösung und Zersplitterung des philosophischen Subjekts bis zu einem gewissen Grad die Postmoderne vorbereitet, insofern er jedoch den »Tod des Subjekts« mit der (zeitweiligen) Überwindung der Entfremdung des modernen Menschen zusammenschließt, erweist sich Bataille in letzter Konsequenz dennoch als »moderner« Theoretiker. Seine ambivalente Zwischenstellung zwischen Moderne und Postmoderne könnte jedoch auch eine Strategie vorbereiten, aus dem kalten, postmodernen oder poststrukturalistischen Universum wieder herauszufinden. Da Bataille die sich in der Grenzüberschreitung manifestierende Auflösung des Subjekts untrennbar mit einer subjektiven Erfahrung souveräner Kommunikation verknüpft, könnte gerade unter Bezugnahme auf die Batailleschen Schriften über die Möglichkeit einer Wiedereinführung des Subjekts nachgedacht werden.

2. Allgemeine Ökonomie

»Ich gehe von einer elementaren Tatsache aus: Der lebende Organismus erhält, dank des Kräftespiels der Energie auf der Erdoberfläche, grundsätzlich mehr Energie, als zur Erhaltung des Lebens notwendig ist. Die überschüssige Energie (der Reichtum) kann zum Wachstum eines Systems (zum Beispiel eines Organismus) verwendet werden. Wenn das System jedoch nicht mehr wachsen und der Energieüberschuß nicht gänzlich vom Wachstum absorbiert werden kann, muß er notwendig ohne Gewinn verlorengehen und verschwendet werden, willentlich oder nicht, in glorioser oder in katastrophischer Form.« (VT, 45)

Der hier anhand eines lebenden Organismus explizierte Zusammenhang von Wachstum und Verschwendung enthält in nuce die gesamte ökonomische Theorie Batailles. Auf den ersten Blick scheint Batailles »allgemeine« Fassung ökonomischer Prozesse, derzufolge Energieüberschüsse nur zeitweilig durch Wachstum bzw. Akkumulation gebunden werden können, sonst aber notwendigerweise »in glorioser oder in katastrophischer Form« »ohne Gewinn verlorengehen und verschwendet werden« (VT, 45), der traditionellen Form der politischen Ökonomie diametral entgegenzustehen. Selbst den Begriff Ökonomie – »die wichtige Kunst [...], mit geringen Kräften große Wirkungen hervorzubringen«[1] – verwendet Bataille offenbar in einem entgegengesetzten Sinne.

Vor dem Hintergrund bestimmter metapsychologischer Reflexionen Sigmund Freuds läßt sich allerdings der Boden für ein

Verständnis dieser eher unkonventionellen ökonomischen Überlegungen Batailles (vor-)bereiten. Zunächst läßt sich in Batailles Allgemeiner Ökonomie umrißhaft Freuds ökonomischer Gesichtspunkt der Spannungsreduktion erkennen, demzufolge der Organismus bzw. der psychische Apparat nach einer möglichst vollständigen Reduktion der in ihm zirkulierenden Triebenergie strebt. Dem ökonomischen Prinzip der Spannungsreduktion, das Freud auch als »Konstanzprinzip« bezeichnet, fällt die Funktion zu, »den seelischen Apparat überhaupt erregungslos zu machen, oder den Betrag der Erregung in ihm konstant oder möglichst niedrig zu erhalten«[2]. Freud unterscheidet in diesem Zusammenhang »zweierlei Formen der Energieerfüllung«[3]: einen Primär- und einen Sekundärvorgang. Im Rahmen des Primärvorganges kommt es zu einer unverzüglichen und vollständigen Abfuhr der psychischen Energie, beim Sekundärvorgang, der den pragmatischen Erfordernissen der Realität Rechnung trägt, wird die Energie zunächst »gebunden«, bevor sie teilweise innerhalb kontrollierter Bahnen abströmen kann. Die durch die Triebregungen im psychischen Apparat hervorgerufenen Spannungen werden also durch den psychischen Apparat mit oder ohne zeitlichen Aufschub abgeleitet und insofern in ihrem quantitativen Betrag reduziert.

Den ökonomischen Vorgang der Spannungsreduktion löst Bataille allerdings von vornherein aus dem (beschränkten) Kontext eines psychischen Apparates heraus und nimmt sofort die von Freud erst langsam im Rahmen seiner Konzeption der Lebens- und Todestriebe entwickelte »Totalperspektive des Lebens« ein. Freuds naturalistisches Triebmodell wird dadurch zum Vorbild einer philosophischen Deutung der kosmischen Energieumläufe auf der Erde, die Bataille zum Fundament seiner Allgemeinen Ökonomie erklärt. Diese Energieumläufe sind für Bataille letztlich das Resultat der einseitigen Einwirkung der

Sonnenstrahlung. »Die Sonnenstrahlung verursacht den Überfluß der Energie auf dem Erdball.« (VT, 54) »Quelle und Wesen unseres Reichtums sind in der Sonnenstrahlung gegeben, die die Energie – den Reichtum – ohne Gegenleistung spendet.« (VT, 53)[4] Folgt man der Allgemeinen Ökonomie, so reduzieren nicht nur psychische Apparate oder lebende Organismen die in ihnen zirkulierenden Energiebeträge, auch »das Prinzip des Lebens selbst« (ÖU, 289) ist durch einen ökonomischen Reduktionsmechanismus charakterisiert. Dieser äußert sich zunächst darin, daß Energie in Form von Reproduktions- und Wachstumsprozessen auf »sinnvolle« Weise verbraucht wird; falls die Energie jedoch nicht mehr in dieser Form gebunden werden kann, muß die überschüssige Energie zwangsläufig »sinnlos« verlorengehen. »Zu einem gegebenen Zeitpunkt, wenn das Wachstum des Systems seine Grenze erreichen wird, wird die aufgefangene Energie nicht anders können, als ihren Lauf wiederaufzunehmen und sich zu verlieren« (ÖU, 291); »die Energie erlangt ihre ursprüngliche Freiheit wieder« (ÖU, 292 f.).

Neben dem ökonomischen Prinzip der Spannungsreduktion lassen sich in Batailles Allgemeiner Ökonomie aber auch die von Freud seit »Jenseits des Lustprinzips« (1920) angenommenen, gegen- und miteinander agierenden Mächte der Lebens- und Todestriebe ausmachen, mit deren Einführung Freud unter anderem das Prinzip der Spannungsreduktion fortzusetzen versuchte.[5] Freud identifiziert den Todestrieb mit einem grundlegenden Bestreben des Organismus, zu einem früheren, »anorganischen« Zustand zurückzukehren. Diese regressive Tendenz des Triebhaften bedeutet für ihn in letzter Konsequenz, »daß alles Lebende aus inneren Gründen stirbt, ins Anorganische zurückkehrt [...]: Das Ziel allen Lebens ist der Tod.«[6] Dem Todestrieb stellt er sogenannte Lebenstriebe (Eros) entgegen, die sowohl die Ich- bzw. Selbsterhaltungstriebe als auch die Sexualtriebe umfassen. Sie agieren gegen die Todestriebe, indem sie bestehende lebende Einheiten in ihrer rückwärtsgerichteten, dem Tod zustrebenden Tendenz aufhalten und damit in ihrer Existenz bewahren. Dem Todestrieb ist »die Aufgabe gestellt [...], das organische Lebende in den leblosen Zustand zurückzuführen, während der Eros das Ziel verfolgt, das Leben durch immer weitergreifende Zusammenfassung der in Partikel zersprengten lebenden Substanz zu komplizieren, natürlich es dabei zu erhalten«[7]. Todestrieb und Eros stehen also in einem antagonistischen Verhältnis zueinander, Freud zufolge soll allein ihr »Zusammen- und Gegeneinanderwirken« »die Buntheit der Lebenserscheinungen«[8] erklären, dennoch scheint er im Todestrieb das tieferliegende Prinzip zu sehen. Die durch den Eros repräsentierten Triebbedürfnisse (z.B. sexueller Art) führen zwar neue Spannungen ein und vergrößern u.U. das vorhandene Spannungsniveau, sie bilden aber letztlich nur ein retardierendes Moment, sie verzögern lediglich das unvermeidliche Herabsinken des Spannungsniveaus bzw. die Rückkehr zum Anorganischen.[9]

Bis zu einem gewissen Grad läßt sich der von Freud trotz des Ungleichgewichts der beiden Triebarten postulierte Dualismus von Lebens- und Todestrieben, von Eros und Thanatos in Batailles Allgemeiner Ökonomie wiedererkennen. Auf der einen Seite findet sich die »rastlose Ausbreitungstendenz des Eros«[10], der nach Freud bestrebt ist, die lebende Materie zu immer weiteren Einheiten zusammenzufassen, in der von Bataille beschriebenen Tendenz (des Lebens) wieder, die vorhandene Energie bis zu einem »Maximum der Besetzung« (ÖU, 292) in Reproduktions- und Wachstumsprozesse zu investieren. Auf der anderen Seite offenbart jedoch gerade diese »Intensität des Drucks, den das Leben nach allen Richtungen hin ausübt« (VT, 55), auch eine entgegengesetzte Bewegung. Die Prozesse der Ausdehnung und des Wachstums finden von selbst ihre natürliche Grenze, sie nähern sich zwangsläufig dem Augenblick, von dem an die in ihnen zirkulierende Energie überschüssig wird und unvermeidlich verlorengehen, ja zerstört werden muß. »Bald führt der Druck zur Erschließung neuen Raumes, bald zur Vernichtung überschüssiger Möglichkeiten im verfügbaren Raum.« (VT, 58) Ebensowenig wie der Eros den Todestrieb können also die Prozesse der Ausdehnung und des Wachstums die destruktive Tendenz einer Energieverschwendung auf Dauer neutralisieren. Die Unhintergehbarkeit dieses Zerstörungspotentials in der Natur zeigt sich für Bataille letztlich darin, daß durch die Ausbreitungstendenz des Lebens strenggenommen kein wirklich neuer Lebensraum erschlossen wird; »wenn man das Leben in seiner Gesamtheit betrachtet, so gibt es eigentlich kein Wachstum, sondern nur eine Erhaltung des Gesamtvolumens. Das mögliche Wachstum reduziert sich also auf eine Kompensation vollzogener Zerstörungen.« (VT, 59)

Die sich auf den ersten Blick ergebenden Übereinstimmungen der Theorien Freuds und Batailles dürfen allerdings nicht die ebenfalls vorhandenen Differenzen beider Ansätze verdecken. Zwar läßt sich Freuds ökonomischer Gesichtspunkt der Spannungsreduktion innerhalb der Allgemeinen Ökonomie Batailles nachzeichnen, dennoch darf nicht übersehen werden, daß Freud vor allem den Gleichgewichtszustand des psychischen Apparates vor Augen hat, während sich Bataille im Gegensatz dazu für die exzessiven Vorgänge allgemeiner Energieverluste interessiert. »Statt den Tod als Spannungsregulierung und Ausgleichsfunktion [...] anzusetzen, begreift Bataille ihn umgekehrt als Paroxysmus des Austausches, als Überschwang und Exzeß.« [11] Auch der von Freud angenommene Antagonismus von Eros und Todestrieb erfährt bei Bataille eine entscheidende Modifikation: »Statt sich als antagonistische Prinzipien zu bekämpfen (Freud), tauschen Tod und Sexualität sich in ein und demselben Zyklus aus, in derselben zyklischen Revolution der Kontinuität.«[12] Bataille radikalisiert damit die metapsychologischen Reflexionen Freuds, nichtsdestoweniger bleibt er aber einer psychoanalytischen Perspektive verhaftet. Dies zeigt sich nicht zuletzt an der auch von Bataille verwendeten energetischen Terminologie, die zunächst an die veraltete naturwissenschaftlich-physiologische Terminologie des 19. Jahrhunderts erinnert und von Freud zeitlebens verwendet wurde.

Bataille ist der Ansicht, mit dem Projekt einer Allgemeinen Ökonomie eine »Umkehrung aller ökonomischen Grundsätze« (VT, 50) zu leisten. Konsequent durchdacht und ins Werk gesetzt, führt es in seinen Augen zu einer völligen Transformation sowohl bisheriger ökonomischer Denkmodelle als auch damit einhergehender moralischer Einstellungen. »Der Übergang von den Perspektiven der beschränkten zu denen der allgemeinen Ökonomie wäre in der Tat eine kopernikanische Wende.« (VT, 50) Bataille beschränkt die Reichweite der Allgemeinen Ökonomie daher nicht allein darauf, den bei Freud vorgebildeten Mechanismus der Energieabfuhr bzw. das Wechsel- und Zusammenspiel von Lebens- und Todestrieben unter einer Totalperspektive des Lebens weiterzuentwickeln sowie zu radikalisieren. Gleichzeitig versucht er, den allgemeinen Gesichtspunkt der Energieverschwendung innerhalb der klassischen politischen Ökonomie fruchtbar zu machen. Für ihn erfährt der Begriff der Ökonomie dadurch zwangsläufig eine Ausweitung.

Sogenannte klassische, kapitalistische Vorstellungen der Ökonomie zeichnen sich dadurch aus, daß sie das »vernünftige« Prinzip der Nützlichkeit und Wirtschaftlichkeit zum ökonomischen Prinzip schlechthin erheben. Ökonomische Prozesse werden ausschließlich unter den (partikularen) Gesichtspunkten des Nutzens, der Effektivitätssteigerung und der Einsparung von Energie und Ressourcen betrachtet. Das Ziel besteht hier darin, mit einer möglichst geringen Menge investierter Produktionsfaktoren einen möglichst großen Ertrag zu erwirtschaften. Insofern diese Vorstellungen der Ökonomie sich nur auf den begrenzten Horizont von Produktion und – damit einhergehender – Akkumulation (von Reichtümern) beschränken, geraten auch die Prozesse der Konsumtion von erwirtschafteten Gütern unter der begrenzten Perspektive der Nützlichkeit in den Blick. »Es ist traurig, festzustellen, daß in dieser Hinsicht die bewußte Menschheit minderjährig geblieben ist: sie erkennt sich das Recht zu, rational etwas zu erwerben, zu erhalten oder zu konsumieren, aber was sie prinzipiell ausschließt, ist die unproduktive Verausgabung.« (BV, 11)

Batailles Allgemeine Ökonomie berücksichtigt daher nicht nur eine produktive Form der Verausgabung, die »den für die Individuen einer Gesellschaft notwendigen Minimalverbrauch zur Erhaltung des Lebens und zur Fortsetzung der produktiven Tätigkeit« (BV, 12) umfaßt, sondern auch eine »unproduktive Verausgabung«: »Luxus, Trauerzeremonien, Kriege, Kulte, die Errichtung von Prachtbauten, Spiele, Theater, Künste, die perverse (d. h. von der Genitalität losgelöste) Sexualität stellen ebenso viele Tätigkeiten dar, die, zumindest ursprünglich, ihren Zweck in sich selbst haben.« (BV, 12)

Entsprechend der Unterscheidung von produktiver und unproduktiver Verausgabung stellt Bataille der begrenzten Ökonomie der Produktion und Akkumulation eine erweiterte, »allgemeine« Form der Ökonomie gegenüber, die die Gesamtheit von Akkumulation und Verschwendung von Energie (bzw. von in Reichtümern angehäufter Energie) einzufangen versucht. Für Bataille bedeutet dies in letzter Konsequenz, die ökonomische Tätigkeit des Menschen in den bereits erwähnten Zusammenhang allgemeiner, materieller Energiebewegungen einzuordnen. Jede (auch im klassischen Sinne) ökonomische Tätigkeit bleibt dann –

wenn auch in der Regel undurchschaut – den materiellen Energiebewegungen unterworfen, die sich unter dem veränderten Blickwinkel der Allgemeinen Ökonomie letztlich immer als Energieüberschüsse und Energieverschwendungen offenbaren. »Die ökonomische Tätigkeit der Menschen unterwirft sich diese Bewegung, nutzt zu bestimmten Zwecken Möglichkeiten aus, die sich durch sie auftun. Aber jene Bewegung hat eine bestimmte Form und unterliegt Gesetzen, die denen, die sie sich nutzbar machen und von ihr abhängen, im Prinzip unbekannt sind.« (VT, 44) Die unhintergehbare Wirkungsweise dieser Energiebewegungen (bzw. Energieverschwendungen) zeigt sich deshalb auch aus der Perspektive der produktiven Tätigkeit: »Wenn wir versuchen, von diesem Prinzip [der Allgemeinen Ökonomie] aus die ökonomischen Antriebe zu begreifen, die uns bewegen, so gewahren wir zugleich den Überschuß der Produktion über die benötigte Energie.« (ÖU, 290) Würde der Produktionsprozeß keine Überschüsse (in Form von Gewinnen) erwirtschaften, so wäre die produktive Tätigkeit als solche ad absurdum geführt.

Daß sich das von Bataille entdeckte Prinzip der Verausgabung, des Verlustes und der Verschwendung auch innerhalb des klassischen, kapitalistischen Produktionsprozesses nachweisen läßt, zeigt auf indirekte Weise Karl Marx' Aussage über die Warenform der Arbeitsprodukte. Für Marx besteht der (Tausch-)Wert einer Ware gerade in der Quantität der für sie verausgabten, abstrakt-menschlichen Arbeit(skraft). »Es ist nichts von ihnen [den Arbeitsprodukten] übriggeblieben als dieselbe gespenstige Gegenständlichkeit, eine bloße Gallerte unterschiedsloser menschlicher Arbeit, d.h. der Verausgabung menschlicher Arbeitskraft ohne Rücksicht auf die Form ihrer Verausgabung. Diese Dinge stellen nur noch dar, daß in ihrer Produktion menschliche Arbeitskraft verausgabt, menschliche Arbeit aufgehäuft ist.« [13] Aus diesem Grund ist auch der Produktionsprozeß als solcher nicht Gegenstand der Kritik Batailles, sondern lediglich die Art und Weise, wie innerhalb moderner Industriegesellschaften die erwirtschafteten Überschüsse verwendet werden. »Es geht Bataille nicht darum, die Produktion abstrakt zu verurteilen, sondern um die konkrete Frage, wozu sie eigentlich da ist – eine Frage, die [...] vor allem die Überschüsse betrifft, die über den lebensnotwendigen Bedarf der Gesellschaft hinausgehen.«[14]

Der Unterschied zwischen der kritisierten beschränkten und der allgemeinen Form der Ökonomie besteht also nicht darin, daß beispielsweise zwei verschiedene (ökonomische) Phänomene oder Prozesse beobachtet würden. Bataille nimmt hinsichtlich desselben Phänomens lediglich einen Perspektivenwechsel vor, der allerdings zu einer völlig andersartigen Einschätzung der ökonomischen Prozesse führt. Insofern die erwirtschafteten Reichtümer möglichst ohne Verlust wieder in den Produktionsprozeß hineingesteckt werden, werden für Bataille die »natürlichen« Prozesse der Energiebewegungen auf fatale Weise mißachtet. Zwar wird durch den Prozeß der Akkumulation, der die vorhandenen Energiebeträge weiter vergrößert, der Zeitpunkt einer Entladung und Verschwendung dieser Energie zunächst aufgeschoben, in letzter Konsequenz lassen sich diese Ereignisse der Energieentladungen jedoch nicht verhindern. Die »Akkumulation [ist] nur eine Frist, ein Aufschub des unvermeidlichen Zeitpunkts [...], von dem an der akkumulierte Reichtum seinen Wert nur noch im Augenblick hat« (VT, 37). Solche Energieentladungen äußern sich innerhalb moderner Industriegesellschaften vor allem in Form von unbeabsichtigten Nebenfolgen, d. h. letztlich als unvorhergesehene, nicht eingeplante Katastrophen. »Denn wenn wir nicht die Kraft haben, die überschüssige Energie selbst zu zerstören [...], so zerstört sie uns wie ein unbezähmbares Tier, und wir selbst sind das Opfer der unvermeidlichen Explosion.« (VT, 48)

Nicht nur Freuds ökonomischer Gesichtspunkt der Spannungsreduktion und die sich darin ankündigende destruktive Tendenz des Todestriebes wurde richtungweisend für Batailles Konzeption einer Allgemeinen Ökonomie der Energieverschwendung, »in der die Verausgabung (oder die Verzehrung) der Reichtümer Vorrang hat vor der Produktion« (VT, 35). Wesentliche Anregungen für seinen Versuch einer Dezentrierung der klassischen Ökonomie erhielt Bataille auch durch den französischen Soziologen, Ethnologen und Durkheim-Schüler Marcel Mauss.[15] In seiner berühmten Schrift *Die Gabe. Form und Funktion des Austauschs in archaischen Gesellschaften* (1923/24) zeigt Mauss, daß die ökonomischen Prozesse in den von ihm untersuchten »archaischen« Gesellschaften nicht vorrangig durch die Aspekte der Nützlichkeit, des Erwerbs und der Akkumulation von Reichtümern geprägt sind. Statt dessen herrscht in ihnen ein kollektiver, ökonomischer und politischer Zwang, gegenseitig Geschenke von oft beträchtlichem Wert auszutauschen. Die radikalste Form dieses obligatorischen, nur scheinbar freiwilligen Geschenkaustauschs ist der »Potlatsch« nordamerikanischer Indianervölker.

»Der Potlatsch ist ebenso wie der Handel ein Mittel zur Zirkulation der Reichtümer, aber er schließt das Feilschen aus. Er besteht zumeist in dem feierlichen Geschenk beträchtlicher Reichtümer, das ein Häuptling seinem Rivalen macht, um ihn zu demütigen, herauszufordern und zu verpflichten. Der Empfänger muß die Demütigung tilgen und die Herausforderung erwidern, er muß der Verpflichtung nachkommen, die er eingegangen ist, indem er das Geschenk annahm: er kann sich nur etwas später mit einem neuen Potlatsch revanchieren, der noch freigebiger sein muß als der erste, d.h. er muß das Geschenk mit Zinsen zurückgeben.« (VT, 98)

Für die sich in den Potlatsch verwickelnden Häuptlinge und Clans[16] steht nicht der materielle Erwerb von Gütern oder die Vergrößerung bereits vorhandener Reichtümer im Mittelpunkt ihres Interesses, vielmehr geht es ihnen um den Erwerb (letztlich nur in der Vorstellung vorhandener) symbolischer Güter: Über den Austausch von materiellen Gütern handeln sie nämlich ihre jeweiligen Positionen innerhalb der sozialen Hierarchie aus. Der Potlatsch ist vor allem durch das »Prinzip der Rivalität und des Antagonismus«[17] charakterisiert, er stellt eine Art Wettbewerb und Kampf um Prestige, Macht und Ehre dar. »Derjenige, der seinen Reichtum am verschwenderischsten ausgibt, gewinnt an Prestige.«[18] »Nirgendwo sonst hängt das individuelle Prestige eines Häuptlings und das Prestige seines Clans enger mit der Ausgabe und der Pünktlichkeit zusammen, mit der die angenommenen Gaben mit hohen Zinsen zurückgezahlt werden, so daß der Gläubiger zum Schuldner wird. Der Verbrauch und die Zerstörung sind so gut wie unbegrenzt. Bei einigen Potlatschs ist man gezwungen, alles auszugeben, was man besitzt; man darf nichts zurückbehalten.«[19] Nicht selten steigern sich die verschwenderischen Austauschprozesse zu zerstörerischen und – manchmal für die Beteiligten selbst – tödlich ausgehenden Exzessen. »Man geht bis zum offenen Kampf, bis zur Tötung der einander gegenübertretenden Häuptlinge und ›Adligen‹. Und andererseits geht man bis zur rein verschwenderischen Zerstörung der angehäuften Reichtümer, um dem rivalisierenden Häuptling [...] den Rang abzulaufen.«[20]

Mauss beschränkt sich jedoch nicht auf eine bloße Beschreibung des Potlatsch der indianischen Gesellschaften Nordamerikas. Er versucht, dasselbe (fundamentale) Prinzip des Austauschs (zumindest annäherungsweise) in Wirtschafts- und Rechtsordnungen anderer, archaischer wie nicht-archaischer Gesellschaften nachzuweisen. »[One of] the central hypotheses of the study [is] that ›the archaic form of exchange‹, with its three obligations of giving, receiving, and repaying, is an aspect of almost all societies.«[21]

Von diesen Formen und Funktionen des Austauschs unterscheiden sich für Mauss jedoch grundsätzlich die ökonomischen Prozesse moderner Industriegesellschaften. »Wiederholt haben wir darauf hingewiesen, wie wenig diese Ökonomie des Geschenkaustauschs sich in den Rahmen der sogenannten natürlichen Wirtschaft, den Utilitarismus fügte.«[22] »Erst unsere westlichen Gesellschaften haben, vor relativ kurzer Zeit, den Menschen zu einem ›ökonomischen Tier‹ gemacht. [...] Lange Zeit war der Mensch etwas anderes; und es ist noch nicht sehr lange her, seit er eine Maschine geworden ist – und gar eine Rechenmaschine.«[23]

Aus der Analyse von Mauss zieht Bataille allerdings radikalere Konsequenzen, als dies Mauss selbst in den moralischen, ökonomischen und soziologischen Schlußfolgerungen am Ende seiner Schrift *Die Gabe* tut. Mauss beklagt hier vor allem das – wenn auch bisher nicht vollständige – Verschwinden des generösen, aristokratischen Gabentauschs innerhalb moderner Gesellschaften, und zwar in der Hoffnung, »zu archaischen und elementaren Prinzipien zurückkehren«[24] zu können. Bataille sieht dagegen in der extremen Tauschform des Potlatsch nur eine besonders deutliche Ausprägung des von ihm postulierten, grundlegenden Prinzips der überschüssigen Energie und der dadurch notwendig erfolgenden Energieverschwendung, das – wenn auch in der Regel undurchschaut – gerade das entscheidende Bewegungsgesetz jeglicher und damit auch moderner Gesellschaften darstellt. Konsequenterweise bedeutet dies auf einer pragmatischen Ebene zunächst, daß »nicht die Notwendigkeit, sondern ihr Gegenteil, der ›Luxus‹, der lebenden Materie und dem Menschen ihre Grundprobleme stellt« (VT, 38). »Daher suchte man zu allen Zeiten, wenn auch unbewußt, fieberhaft nach Möglichkeiten der Entstauung.« (VT, 48) In der Schrift »Der verfemte Teil« untersucht Bataille deshalb mit Hilfe eines idealtypischen Verfahrens verschiedene Gesellschaftsformationen daraufhin, wie sie der unvermeidlichen Tatsache der überschüssigen Energie jeweils

Rechnung tragen, d. h. in welcher Form sie diese Energie verwenden. »Eine Gesellschaft produziert als Ganzes immer mehr, als zu ihrer Erhaltung notwendig ist, sie verfügt über einen Überschuß. Und eben der Gebrauch, den sie von diesem Überschuß macht, macht sie zu einer bestimmten Gesellschaft.« (VT, 140) Batailles »Darstellung der historischen Gegebenheiten« (VT, 69) zeigt damit (neben der idealtypischen Methodologie Max Webers[25]) eine Parallele zu Karl Marx' Unterscheidung verschiedener »ökonomischer Gesellschaftsformationen«. Das wesentliche Kriterium der Unterscheidung besteht für Bataille in der jeweiligen Verwendung überschüssiger Energie, für Marx in der jeweiligen Aneignung der Mehrarbeit. »Nur die Form, worin diese Mehrarbeit dem unmittelbaren Produzenten, dem Arbeiter, abgepreßt wird, unterscheidet die ökonomischen Gesellschaftsformationen, z. B. die Gesellschaft der Sklaverei von der der Lohnarbeit.«[26] Strenggenommen gibt es für Bataille nur zwei, einander abwechselnde Strategien, mit deren Hilfe der Energieüberfluß wirkungsvoll abgeführt werden kann: entweder in Form von Energieakkumulation(en), also durch »sinnvolle« Reinvestitionen, die zunächst Wachstumsprozesse zur Folge haben, oder in Form von »sinnlosen«, verschwenderischen Verausgabungen der vorhandenen Energie. »Der Wechsel von akkumulierter Strenge und verschwenderischer Freigebigkeit ist der normale Rhythmus im Gebrauch der Energie.« (VT, 119) »Entscheidend für die Beurteilung einer Gesellschaft ist für Bataille daher, auf welche Weise sie den notwendigen Wechsel von Energieakkumulation und Energieverschwendung realisiert oder, besser, zelebriert.«[27]

Bei der Analyse verschiedener Gesellschaftsformationen sucht Bataille zunächst nach einer reinen, paradigmatischen Ausprägung sowohl der Strategie der Akkumulation als auch derjenigen der Verschwendung. Die islamische Gesellschaft stellt für Bataille – zumindest in ihrer frühen Ausprägung als »Gesellschaft des

Heiligen Krieges« – den Typus einer reinen Akkumulationsgesellschaft dar. Sie entwickelte sich aus miteinander rivalisierenden, stark individualistisch geprägten Stämmen zu einer geschlossenen, militärischen Gesellschaft[28], die die bis dahin zerstreuten individuellen Kräfte bündelte und in den Dienst einer bewaffneten Gesellschaft stellte. Die von ihr angewandte Strategie der Eroberung »investierte die neuen Energiequellen ohne nennenswerte Zerstörungen in ein ständig größer werdendes geschlossenes Kräftesystem. Dieser Prozeß erinnert an die Entwicklung der Industrie durch die kapitalistische Akkumulation: wenn die Vergeudung gestoppt wird, wenn der Entwicklung keine formalen Grenzen mehr gesetzt sind, dann fördert der Energiezufluß das Wachstum und das Wachstum vermehrt die Akkumulation« (VT, 121). »Der Islam ist eben zunächst nicht Verzehrung, sondern, wie der Kapitalismus, Akkumulation der verfügbaren Kräfte.« (VT, 122)

Im Gegensatz zur islamischen Akkumulationsgesellschaft ist die lamaistische Mönchsgesellschaft in Tibet eine reine Verschwendungsgesellschaft. Das Zentrum der tibetanischen Gesellschaft bildet das buddhistische Mönchswesen der Lamas und dessen Oberhaupt, der Dalai-Lama, dessen Autorität sich auf keinerlei militärische Macht stützt (Bataille bezeichnet die tibetanische Gesellschaft daher auch als waffenlose Gesellschaft). »In diesem Land gibt es [...] keine Worte, Riten, Feste, kein Bewußtsein, kurz, kein menschliches Leben, das sich nicht auf die Mönche bezieht.« (VT, 137) Da Tibet aufgrund seiner geographischen Lage von seinen Nachbarländern fast vollständig abgeschnitten ist, kann für Bataille das Problem der überschüssigen Energie (in Form gesellschaftlicher Reichtümer) nur durch eine »Entladung nach innen« (VT, 144) gelöst werden. Die gesellschaftliche Funktion des Mönchswesens besteht deshalb hauptsächlich darin, die erwirtschafteten gesellschaftlichen Reichtümer zu verbrauchen.

»Das Mönchswesen ist eine Art der Verausgabung des Überschusses [...]. Es ist die radikale Lösung eines Landes, das keine anderen Kanalisierungsmöglichkeiten hat und sich letztlich als geschlossener Raum erweist.« (VT, 142)

Bataille geht es bei der Beschreibung der beiden paradigmatischen Ausprägungen einer akkumulierenden Gesellschaft einerseits, einer verschwendenden Gesellschaft andererseits vor allem um den Nachweis, daß sich Gesellschaften nicht stabilisieren lassen, wenn sie entweder der Akkumulation und Expansion oder dem Überschuß und der Verschwendung absoluten Vorrang einräumen. Eine rein expandierende Gesellschaft wie die islamische scheitert daran, daß sich der Prozeß der Expansion und Akkumulation nicht beliebig weiter fortsetzen läßt und zwangsläufig die Grenze seines eigenen »Wachstums« erreicht. »Sobald der Islam infolge seiner Siege aufhörte, seine lebendigen Kräfte ausschließlich dem Wachstum zu widmen, blieb von ihm nur noch ein leerer, starrer Rahmen.« (VT, 123)

Deutlicher wird der unvermeidliche Zusammenbruch einer Gesellschaft, die bedingungslos auf das Prinzip der Akkumulation setzt, an einem extremen, relativ aktuellen Beispiel: der Entwicklung der sowjetischen Gesellschaft. Im Wettlauf mit den westlichen Industriegesellschaften betrieb die Sowjetunion einen rapiden, gigantischen Prozeß der Industrialisierung, innerhalb dessen sowohl das (zu einem »Ding« degradierte) Individuum als auch nahezu alle gesellschaftlichen Kräfte in einen Prozeß der Akkumulation gebunden wurden. Der sowjetische Kommunismus verlangte »von jedem die größtmögliche, bis zur Grenze menschlicher Leistungsfähigkeit gesteigerte Produktivität [...]. Keine Wirtschaftsorganisation vor ihm hat in diesem Maße den Ressourcenüberschuß dem Wachstum der Produktivkräfte, d.h. des Systems zuführen können.« (VT, 196) Die sowjetische Gesellschaft ist damit der (frühen) islamischen Gesellschaft eng verwandt, geht jedoch noch über sie hinaus: Bataille prophezeite, daß ihre totale Form der Akkumulation letztlich in katastrophale Formen der Auflösung und Zerstörung größten Ausmaßes umschlagen würde. Die Sowjetunion trägt damit ironischerweise dem Prinzip der notwendigen (Energie-)Verschwendung und Zerstörung auf eine vollständige Weise Rechnung. »Träten sie [die Katastrophen] ein, dann wären die Methoden der Sowjetunion [...] als einzige auf der Höhe einer ruinierten Unermeßlichkeit.« (VT, 206 f.) Mit Hilfe seiner Theorie der Allgemeinen Ökonomie hat Bataille also die inzwischen eingetretene Implosion der Sowjetunion vorausgesehen.

Ebenso wie eine rein akkumulierende Gesellschaft vermag sich auch eine rein verschwendende Gesellschaft wie die tibetanische nicht auf Dauer zu erhalten. Durch ihre einseitige Ausrichtung auf die innergesellschaftliche Verzehrung der erwirtschafteten Reichtümer durch das lamaistische Mönchswesen vernachlässigte die tibetanische Gesellschaft die außenpolitischen, vor allem über militärische Macht vermittelten Beziehungen und wurde dadurch auf lange Sicht zum Spielball »des äußeren Kräftespiels [...], das nicht ungestraft ignoriert oder geleugnet werden konnte« (VT, 134). »Eine Souveränität, die nicht sowohl über die religiöse Behexung des Volkes als auch über den halb käuflichen, halb affektiven Gehorsam einer Armee verfügt, ist prekär. Daher ist das theokratische Tibet nach kurzer Zeit unter die Lehnshoheit Chinas gefallen.« (VT, 130)

Wie das Beispiel der tibetanischen Gesellschaft vermuten läßt, finden für Bataille Gesellschaften eher eine relative Stabilität, wenn sie beide Formen der Energiebewältigung, also Energieakkumulation und Energieverschwendung, bis zu einem gewissen Grad berücksichtigen. In den Augen Batailles läßt die (von ihm bewunderte) aztekische Gesellschaft der Menschenopfer eine solche Form der Bewältigung erkennen. Auf den ersten Blick scheint sie zwar ebenso wie die tibetanische eine rein verschwendende Gesellschaft zu sein. »Die Menschenopfer waren nur ein Höhepunkt im Zyklus der Verschwendungen. Die gleiche Leidenschaft, die das Blut von den Pyramiden herabrinnen ließ, brachte die aztekische Welt ganz allgemein dazu, einen beträchtlichen Teil ihrer Ressourcen auf unproduktive Weise zu verwenden.« (VT, 93) »Auf den Festen floß nicht nur Blut in Strömen, sondern Reichtum überhaupt, und jeder trug je nach seiner Macht dazu bei – wodurch jeder Gelegenheit hatte, diese seine Macht zu beweisen.« (VT, 94)

Damit jedoch die grausamen Rituale der Verschwendung und Verausgabung überhaupt vollzogen werden konnten, mußten gleichzeitig die dazu verwendeten Güter und Reichtümer immer wieder von neuem angehäuft (akkumuliert), vor allem aber die für die Opferungen vorgesehenen Gefangenen und Sklaven herbeigeschafft werden. Dieser Funktion dienten die kriegerischen Auseinandersetzungen mit anderen Völkern. Aufgrund der häufig durchgeführten festlichen Opferungen entwickelte sich die aztekische Gesellschaft allerdings nicht zu einer militärischen Gesellschaft. »Die Azteken gehören vielmehr zu den Kriegergesellschaften, in denen die reine unberechnete Gewalt und die ostentativen Formen des Kampfes herrschten. Die geplante Organisation von Krieg und Eroberung war ihnen unbekannt.« (VT, 84)

Bataille bewunderte die aztekische Gesellschaft vor allem deshalb, weil ihre Gesellschaftsstruktur in seinen Augen die Bewegung der (kosmischen) Energieumläufe, d.h. den Rhythmus von Energieakkumulation (in Form von Wachstumsprozessen) und der darauffolgenden, notwendigen Verschwendung der akkumulierten Energie unbewußt auf eine vollendete Weise abbildet. Dennoch war auch die aztekische Gesellschaft dadurch nicht vor ihrem eigenen Untergang geschützt. In dem bereits 1928 verfaßten Aufsatz »L'Amérique disparue«, in dem Bataille seiner Bewunderung für die aztekische Gesellschaft deutlicher Ausdruck verleiht als in »Der verfemte Teil«, sucht er nach einer Erklärung für den Untergang der aztekischen Gesellschaft: »Für die Ausrottung der Azteken, deren Leben er als ein einziges Schauspiel zur Belustigung der Götter auslegt, hat Bataille eine Lemminge-Theorie bereit: in Todesfaszination habe sich das Volk den Spaniern ausgeliefert, seinen Untergang forciert. – Bataille mag dabei an die Berichte über gefangene Indios gedacht haben, die zum Erstaunen der Konquistadoren darauf bestanden haben sollen, geopfert zu werden.« [29]

Wie aber steht es in diesem Zusammenhang um die heutigen modernen Industriegesellschaften? Ist die – von Bataille so genannte – bürgerliche (oder kapitalistische) Gesellschaft eine reine Akkumulationsgesellschaft, eine rein verschwendende Gesellschaft, oder enthält sie sogar beide Prinzipien der Bewältigung überschüssiger Energie?

Zunächst scheint auch die bürgerliche Gesellschaft eine rein akkumulierende Gesellschaft zu sein, denn sie investiert den größten Teil der erwirtschafteten Überschüsse und Reichtümer wieder in den Produktionsprozeß. »Ein beträchtlicher Teil der verfügbaren Ressourcen bleibt dem Wachstum der Produktivkräfte vorbehalten. [...] Bei der Verwendung der verfügbaren Ressourcen bevorzugt sie die Ausweitung der Unternehmen und der Ausrüstung; dem unmittelbaren Gebrauch zieht sie gewissermaßen die Vergrößerung der Reichtümer vor.« (VT, 152)

Dennoch beruht die bürgerliche Gesellschaft nicht, wie beispielsweise die sowjetische Gesellschaft, vollständig auf dem Prinzip der Akkumulation. Ein gewisser Anteil der produzierten Überschüsse wird auf unproduktive, luxuriöse Weise verbraucht. »Wenige Schritte von der Bank entfernt warten Juwelen, Kleider und Autos hinter den Schaufenstern auf den Tag, wo sie dazu dienen werden, den wachsenden Glanz eines sinistren Industriellen und seiner noch sinistreren alten Gattin darzustellen. Eine Stufe tiefer erfüllen vergoldete Wanduhren, Vertikos und künstliche Blumen die gleichen uneingestehbaren Zwecke für Spießerpaare.« (BV, 23) In der bürgerlichen Variante der Verausgabung bzw. Verschwendung macht sich für Bataille eine (nur hier anzutreffende) Eigenart bemerkbar: Die Verausgabung geschieht auf private, vor anderen möglichst geheimgehaltene Weise und dient vor allem dem kontrollierten Genuß der Individuen, die sich diese Verausgabungen leisten. »Alles Generöse, Orgiastische, Maßlose ist verschwunden: Rivalitäten, die weiterhin das individuelle Handeln bestimmen, finden nur noch im verborgenen statt und gleichen einem schamhaften Aufstoßen.« (BV, 22) Diese heuchlerischen, »kleinlichen Auffassungen einer beschränkten Verausgabung« (BV, 23) offenbaren für Bataille eine grundsätzliche Diskrepanz, ja Spaltung innerhalb der modernen Industriegesellschaft. Auf der einen Seite wird eine gigantische, kollektive Überschußproduktion betrieben, in der der einzelne als reine Arbeitskraft mehr oder weniger seiner Individualität verlustig geht, auf der anderen Seite sind die praktizierten Formen der Verausgabung, des Luxus und der Verschwendung unverzichtbarer Bestandteil einer »Religion des Individuums«.

Allerdings können weder die Akkumulation in Form von Investitionen noch die begrenzten Formen individueller Verschwendungen auf Dauer das Problem der erwirtschafteten Überschüsse der Industriegesellschaften lösen. Auf lange Sicht verhindert nämlich die Akkumulation nicht die Überschüsse, sondern vergrößert im Gegenteil die Energiebeträge und beschleunigt dadurch den Prozeß unvermeidlicher Energieentladungen, die durch die beschränkten, individuellen Verausgabungen bei weitem nicht kompensiert werden. Bataille schreibt in diesem Zusammenhang dem Krieg, durch den immense Reichtümer aufgezehrt werden, eine makabre Schlüsselfunktion zu. »Grundsätzlich kommt die Kriegsgefahr von der Seite der überschüssigen Produktion: nur der Krieg kann, wenn der Export schwierig ist und sich kein anderer Ausweg zeigt, der Kunde einer überschüssigen Industrie sein.« (VT, 210)

Die idealtypische Darstellung verschiedener Gesellschaftsformationen, die Bataille im Rahmen seiner Allgemeinen Ökonomie vornimmt, besitzt vor allem die Funktion, die immer nur relative Stabilität von Gesellschaften nachzuweisen. »Die Geschichte läßt einen ständigen Wechsel von Stillstand und Wiederzunahme des Wachstums erkennen. Es gibt Zustände des Gleichgewichts, bei dem der gewachsene Luxus und die verminderte kriegerische Tätigkeit dem Überschuß den menschlichsten Ausweg bieten. Aber ein solcher Zustand löst die Gesellschaft allmählich von selbst auf und zerstört das Gleichgewicht. Dann erscheint wieder irgendein Neueinsatz des Wachstums als einzig erträgliche Lösung.« (VT, 141) Das Gleichgewicht, das Gesellschaften erreichen können, bleibt also grundsätzlich ein nur relatives Gleichgewicht, das davon abhängt, inwieweit Energieakkumulation(en) bzw. Wachstumsprozesse und Energieverschwendungen miteinander harmonieren. Batailles Einsicht, daß es keine endgültige, stabile Form der Ökonomie gibt, verweist auf seine zugrundeliegende Gesellschaftstheorie, in der er Gesellschaften als lebende Organismen begreift. Ebensosehr wie bei Freud der psychische Apparat werden sie von nur zum Teil beeinflußbaren Energiebewegungen beherrscht. Gesellschaften erhalten immer mehr Energie, als sie verbrauchen können; immer ist mehr Vitalität vorhanden, als kulturell gebunden bzw. sublimiert werden kann. Für Bataille bedeutet das, daß der Überschuß (und nicht der Mangel) die Gesellschaften verändert, ja dafür verantwortlich ist, daß Gesellschaften notwendigerweise zu einem bestimmten Zeitpunkt verschwinden. »Der Überschuß ist die Ursache für Bewegung, Strukturveränderung und Geschichte schlechthin.« (VT, 140) Die »Struktur einer Gesellschaft, das materielle Kräftespiel, das sie beherrscht« (VT, 138f.), ist letztlich immer dadurch geprägt, daß sich die Ökonomie der (Energie-)Verschwendung durchsetzt.[30]

Ebenso wie Sigmund Freud nimmt Bataille also einen materialistischen, naturalistischen oder lebensphilosophischen Standpunkt ein, demzufolge sowohl menschliche Gesellschaften als auch die menschliche Subjektivität der unhintergehbaren Struktur kontingenter, kosmischer oder materieller Energiebewegungen unterworfen, ja fast vollständig ausgeliefert sind. Diese Struktur manifestiert sich innerhalb der menschlichen Lebenswelt immer wieder als (oft gefährliche) Auflösung und Zerstörung momentan bestehender Formen und Perspektiven, als Gewalt und Tod. Dennoch bleibt laut Bataille dem einzelnen wie einer Gesellschaft grundsätzlich die Möglichkeit, gegenüber dem unhintergehbaren Prinzip des Verlustes, der Zerstörung und des Todes eine souveräne, selbstbewußte Haltung einzunehmen. In den noch zu beschreibenden Erfahrungen der Grenzüberschreitung, die letztlich immer tiefgehende Erfahrungen einer Annäherung an den Tod darstellen, gelingt es in den Augen Batailles, das grundlegende, destruktiv wirkende ökonomische Prinzip in bewußter Weise anzuerkennen, ja bis zu einem gewissen Grad selbst ins Werk zu setzen: »Unsere Unkenntnis hat nur eine unbestreitbare Folge: sie läßt uns erleiden, was wir, wenn wir Bescheid wüßten, nach Belieben selbst bewirken könnten. Sie beraubt uns der Wahl der Art des Ausschwitzens, die uns gefällt.« (VT, 48) Die Art und Weise, wie sich der einzelne oder eine Gesellschaft gegenüber dem unhintergehbaren Prinzip der Allgemeinen Ökonomie verhalten will, eröffnet also einen gewissen Handlungsspielraum und verhindert so eine ausschließlich defätistische Haltung gegenüber der Allgemeinen Ökonomie Georges Batailles.

3. Verbot und Überschreitung

Mit Hilfe der Konzeption einer Allgemeinen Ökonomie beschreibt Georges Bataille nicht allein verschiedene – idealtypisch rekonstruierte – Gesellschaftsformationen und ihre konstitutive Instabilität und Endlichkeit. Es geht ihm nicht nur um den Nachweis, daß jegliche Gesellschaftsform an den ihr zugrundeliegenden (kosmischen) Energiebewegungen teilhat. Vielmehr nimmt Bataille auch eine gesellschaftstheoretische »Innenperspektive« ein. Das allgemeine Gesetz der Energieüberschüsse und der dadurch erfolgenden Energieverschwendungen manifestiert sich auch innerhalb der Gesellschaft(en) in Form von gewaltsamen Zerstörungen. Nahezu jede Gesellschaft verfügt daher über eine bestimmte Anzahl von Institutionen, Riten und Praktiken, deren Funktion darin besteht, die Gesellschaft und ihre Mitglieder vor bedrohlich erscheinenden, inneren wie äußeren Ereignissen bzw. vor Personen und Dingen, die eine solche Gefahr repräsentieren, zu schützen. »Im Prinzip ist die soziale Homogenität eine labile, durch Gewaltakte und überhaupt durch innere Konflikte jederzeit störbare Form. Sie [...] muß ununterbrochen gegen alle Elemente der sozialen Unruhe geschützt werden.« (PSF, 12) Damit sich die soziale Ordnung bzw. die soziale Homogenität zu konstituieren vermag und in ihrer inneren Stabilität gesichert werden kann, übernehmen sogenannte imperative Elemente (z.B. autoritäre Führerpersönlichkeiten) die Funktion, die von Bataille als heterogen bezeichneten, bedrohlichen, Angst oder Ekel hervorrufenden Elemente auf mehr oder weniger gewaltsame Weise aus der sozialen Welt auszugrenzen. Hatte Bataille in seiner frühen Analyse über die psychologische Struktur des Faschismus seine »Vision«, die soziale Struktur als einen Ausschließungsmechanismus oder gar Ausscheidungsmechanismus zu beschreiben, noch anhand monarchistischer und faschistischer Gesellschaften zu verdeutlichen versucht, so wendet er sich in seinen späteren Schriften (z.B. über die Erotik oder die Souveränität) gesellschaftlichen Ausgrenzungsmechanismen in Form von Verboten oder Tabuisierungen zu, wie sie paradigmatisch innerhalb archaischer Gesellschaften beobachtet werden konnten. Die der erschreckenden, bedrohlichen Gewaltsamkeit entgegengesetzten Verbote und Tabus beziehen sich innerhalb dieser Gesellschaften vor allem auf die sexuelle Aktivität (z.B. in Form des Inzestverbotes) und auf das Verhalten gegenüber den Toten (z.B. in Form von Berührungsverboten):

»Die Verwesung war das Resümee der Welt, aus der wir hervorgegangen sind und in die wir zurückkehren; in dieser Vorstellung verbanden sich Schrecken und Schande zugleich mit unserer Geburt und mit unserem Tod. Die schlüpfrigen, übelriechenden und lauen Stoffe, deren Anblick abscheulich ist, in denen das Leben gärt, diese Stoffe, die von Eiern, Keimen und Würmern wimmeln, stehen am Ursprung jener entscheidenden Reaktionen, die wir Ekel, Widerwille, Abscheu nennen« (E, 57); »wer von uns könnte behaupten, daß er beim Anblick einer Leiche voller Würmer nicht erbleichte?« (E, 48)

Worauf sich aber letztlich diese Verbote im einzelnen beziehen, d.h. welche Ereignisse, Gegenstände und Handlungen sie jeweils ausschließen, ist für Bataille von sekundärem Interesse, alle lassen sich seiner Ansicht nach auf die formale Funktion reduzieren, gewaltsame, destruktive Prozesse auf möglichst wirksame Weise zu neutralisieren. Bataille betont, »daß dieses formlose und universelle Verbot immer das gleiche ist. Wie seine Form, so wechselt sein Gegenstand: Ob die Sexualität oder der Tod in Frage steht, immer ist die Gewaltsamkeit gemeint.« (E, 52)

Die Verbote und Tabus beziehen sich nicht vorwiegend auf von außen einwirkende Gefahren, auf andere beunruhigende Personen oder beängstigende und ekelerregende Gegenstände, ebensosehr betreffen sie die – gegebenenfalls weit gefährlicheren, da weniger eindeutig zu lokalisierenden – inneren Impulse und Triebregungen der einzelnen Mitglieder der Gesellschaft. Insofern die Verbote sowohl äußere Gegebenheiten ausschließen als auch gleichzeitig eine unmittelbare Befriedigung der inneren Triebregungen behindern und aufschieben, konstituieren sie neben der ausgegrenzten, tabuisierten »Welt des Schreckens und des Abscheus« eine zweite, nun als gesichert und überschaubar erscheinende, »vernünftige« Welt des alltäglichen Lebens.

»Die Menschen zeichnen sich durch ein Vermögen aus, die Befriedigung hinauszuschieben, die unmittelbaren Triebe zu zügeln und manchmal sogar zu beherrschen. Der unaufhörlichen Promiskuität substituieren sie Regeln. Sie bemühen sich, den verfemten Bereich, in dem die Gewalt des Todes wütet – der für ansteckend gehalten wird – von dem Bereich, in dem das friedliche Alltagsleben abläuft, zu trennen.« (S, 51)

Bereits Emile Durkheim hatte in seiner einflußreichen Untersuchung über *Die elementaren Formen des religiösen Lebens* (1912) auf diese fundamentale Trennung innerhalb der (religiös geprägten) menschlichen Lebenswelt hingewiesen. »Alle bekannten religiösen Überzeugungen, wie einfach oder komplex sie auch seien, haben den gleichen Zug: sie setzen eine Klassifizierung der realen oder idealen Dinge, die sich die Menschen vorstellen, in zwei entgegengesetzte Gattungen voraus, die man im allgemeinen durch zwei unterschiedliche Ausdrücke bezeichnet hat, nämlich durch profan und heilig.«[1] Neben dieser Aufteilung der Welt in die beiden vollständig voneinander geschiedenen, sich zueinander antagonistisch verhaltenden Bereiche des Heiligen und Profanen nimmt Durkheim aber auch – ausgehend von Robertson Smiths Unterscheidung des zweideutigen Charakters des Heiligen – zwei verschiedene Arten von religiösen Kräften an, nämlich reine und unreine:

»Die einen sind wohltätig, Hüter der physischen und moralischen Ordnung, Spender des Lebens, der Gesundheit und aller Eigenschaften, die der Mensch schätzt. [...] Auf der anderen Seite gibt es die bösen und unreinen Mächte, Erzeuger von Unordnung, Verursacher des Todes, der Krankheiten, Aufhetzer zu Schändungen. Das einzige Gefühl, das der Mensch für sie hat, ist Furcht, in die sich im allgemeinen die Abscheu mischt. Das sind die Kräfte [...], die den Kadavern entsteigen, dem Menstruationsblut, jene Kräfte, die durch jede Profanation heiliger Dinge entfesselt werden. Die Geister der Toten, die bösen Geister aller Arten sind ihre personifizierten Formen.«[2]

Die reinen und unreinen religiösen Kräfte lassen sich allerdings in vielen Fällen nicht eindeutig auseinanderhalten. Es besteht immer die Möglichkeit ihrer gegenseitigen Umwandlung. »Das Reine und das Unreine sind also nicht zwei getrennte Arten, sondern zwei Varianten ein und derselben Art, die alle heiligen Dinge umfaßt. [...] Und zwischen diesen beiden entgegengesetzten Formen gibt es nicht nur keinen Bruch; ein und dasselbe Objekt kann sich vielmehr von sich aus in die andere verwandeln, ohne seine Natur zu verändern.«[3] Insbesondere die unreinen religiösen Kräfte stellen in der Vorstellung der Menschen eine permanente Bedrohung und Todesgefahr dar. Aufgrund der »außerordentliche[n] Leichtigkeit, mit der die religiösen Kräfte ausstrahlen und sich ausbreiten«[4], müssen möglichst wirkungsvolle Schutzmaßnahmen gegen sie getroffen werden. In Form von negativen Kulten bzw. negativen Riten muß jede Möglichkeit einer Berührung außerhalb des Rahmens explizit ritueller Kontaktaufnahme ausgeschlossen, die Trennung zwischen den Bereichen des Profanen und Heiligen somit immer aufrechterhalten werden. »Eine ganze Gruppe von Riten hat den Zweck, diesen Zustand der Trennung [...] zustande zu bringen. [...] Sie schreiben den Gläubigen nicht vor, bestimmte Leistungen zu vollbringen, sondern sie beschränken sich darauf, ihnen bestimmte Handlungsweisen zu verbieten. Alle nehmen also die Form von Verboten an, oder [...] von Tabus.«[5]

Die Verbote trennen allerdings nicht nur die beiden Welten des Heiligen und Profanen, sie führen auch in das gesellschaftliche Leben selbst eine grundsätzliche Spaltung ein; sie ermöglichen die Bildung einer in sich abgeschlossenen, stabilen Welt der Objekte und Differenzen, einer – in Batailles Worten – Welt der Diskontinuität, in der sich die Menschen als ebenfalls abgeschlossene, »vernünftige Subjekte« wiederfinden. Die »Verwerfung des verwirrenden Gegenstandes sowie der Verwirrung war notwendig für die – durch nichts zu trübende – Klarheit der Welt des Handelns, der objektiven Welt. Ohne das Verbot, ohne den Primat des Verbots hätte der Mensch nicht zum klaren und bestimmten Bewußtsein gelangen können, in dem die Wissenschaft gründet.« (E, 40) Die Tatsache, daß die Verbote die beiden Pole einer objektiven Welt einerseits, des menschlichen Bewußtseins (und des zur Wissenschaft und zur Arbeit befähigten Geistes) andererseits herausbilden, darf allerdings nicht darüber hinwegtäuschen, daß sich diese Verbote letztlich einer nicht-logischen, irrationalen Motivierung verdanken. Die für den Bestand einer Gesellschaft notwendige Aufstellung und Aufrechterhaltung von Verboten ist nicht das Resultat einer rationalen Entscheidung, sondern das Ergebnis idiosynkratischer, objektiv nicht zu rechtfertigender Gefühlsregungen.

»Aber weil die Welt der Vernunft auf den Verboten beruht, sind diese selbst noch nicht vernünftig. Am Anfang hätte eine ruhige Opposition gegen die Gewaltanwendung nicht genügt, um die beiden Welten zu scheiden: hätte die Opposition nicht selbst irgendwie an der Gewaltsamkeit teilgehabt, hätte nicht ein heftiges negatives Gefühl allen die Anwendung von Gewalt abscheulich erscheinen lassen – die Vernunft allein hätte nicht genügend Autorität besessen, die Grenzen des Entgleitens zu bestimmen. Nur unüberlegtes Grauen und Entsetzen konnten angesichts maßloser Entfesselungen Bestand haben. Das ist die Natur des Tabus; es ermöglicht eine Welt der Ruhe und der Vernunft, ist aber selbst, seiner Anlage nach, ein Schaudern, das nicht die Einsicht, sondern das Gemüt befällt.« (E, 63) [6]

Die Spur der Gewaltsamkeit setzt sich also innerhalb der Verbote und Tabus bis zu einem gewissen Grad weiterhin fort. Für Bataille ist dies ein – wenn auch zunächst schwaches – Anzeichen dafür, daß die (ursprüngliche) Gewaltsamkeit niemals endgültig aufgehoben werden kann. Gerade durch eine Verbindung mit der menschlichen Vernunft kann sich diese unhintergehbare Gewaltsamkeit zu bestimmten Zeiten in einer menschlichen Gesellschaft potenzieren.

»Durch seine Aktivität schuf der Mensch die vernünftige Welt, doch bleibt in ihr stets ein Rest von Gewalt erhalten. Die Natur selbst ist gewaltsam; und so vernünftig wir auch sind, immer wieder kann uns eine Gewaltsamkeit beherrschen, nur daß diese jetzt keine bloß natürliche mehr ist, sondern die Gewaltsamkeit eines Vernunftwesens, das zu gehorchen versuchte, aber einer Regung unterliegt, die es nicht auf seine Vernunft zurückführen kann.« (E, 41 f.)

Bataille entdeckt in diesem Zusammenhang ein grundlegendes, periodisch auftretendes Bedürfnis der Menschen nach gewaltsamen Erfahrungen der (eigenen wie fremden) Auflösung und Zerstörung. »In Wirklichkeit setzten die Menschen der Gewaltsamkeit [...] niemals ein endgültiges Nein entgegen.« (E, 62). Die durch die Verbote konstituierte Diskontinuität und Differenz findet sich nämlich nicht nur im Verhältnis der Menschen zu ihrer gegenständlichen, durch Arbeit geprägten Welt, sie verläuft auch auf der Ebene der Intersubjektivität, auf der sie sich – zumindest zeitweise – als Erfahrung von Einsamkeit, Isolation und Entfremdung äußert. »Wir sind diskontinuierliche Wesen, Individuen, die getrennt voneinander in einem unbegreiflichen Abenteuer sterben.« (E, 17) »Wir versuchen, miteinander zu kommunizieren, aber keine Kommunikation zwischen uns wird die ursprüngliche Differenz beseitigen können.« (E, 15)[7] Für Bataille besitzen die Menschen daher ein grundlegendes Interesse daran, diese durch Verbote eingeschränkte, diskontinuierliche Welt der Arbeit und der Vernunft durch Erfahrungen von Überschreitungen dieser Verbote und der in sich abgeschlossenen Welt zu unterbrechen. Insbesondere in der Sexualität erleben sie Momente, in denen sie sowohl ihre gegenseitige Trennung als auch ihre Isolation von der Welt überwinden können und einen Zustand der Vereinigung und Kontinuität erreichen. Bataille beschreibt diesen entgrenzenden, »souveränen« Zustand als höchste Steigerung eines sich aufs Spiel setzenden, sich verschwendenden und verausgabenden Subjekts: Das »Subjekt auf seinem Siedepunkt« (VT, 36) befindet sich an einem »Punkt [...], an dem das Bewußtsein nicht mehr Bewußtsein von etwas ist« (VT, 233). Die Auflösung und Zerstörung sowohl der eigenen Ich-Grenzen als auch der diskontinuierlichen Welt zugunsten der Erfahrung von Kontinuität, Einheit, Totalität geschieht für Bataille immer auf eine gewaltsame Weise:

Das »elementare Wesen als Ganzes steht nämlich auf dem Spiel im Übergang von der Diskontinuität zur Kontinuität. Nur die Gewaltsamkeit kann auf solche Weise alles aufs Spiel setzen, die Gewaltsamkeit und die namenlose Erregung, die mit ihr verbunden ist! Ohne Vergewaltigung des konstituierten Wesens – das sich in der Diskontinuität konstituiert hat – können wir uns den Übergang von einem Zustand zu einem anderen, wesentlich unterschiedenen nicht vorstellen.« (E, 19)

Gerade die Erotik offenbart diesen gewaltsamen, gleichwohl als »Erlösung« erlebten Charakter des Übergangs von der Diskontinuität zur Kontinuität besonders eindringlich. Sie ist durch eine »Stimmung der elementaren Gewaltsamkeit« (E, 19) beherrscht:

»Sie befreit die blutgefüllten Organe, deren blindes Spiel sich über das überlegte Wollen der Liebenden hinaus fortsetzt. Auf das überlegte Wollen folgen die animalischen Bewegungen der vom Blut geschwellten Organe. Eine Gewaltsamkeit, die von der Vernunft nicht mehr überwacht wird, beherrscht diese Organe, spannt sie bis zum Platzen, und plötzlich wird es zu einer Freude des Herzens, dem Überschwang dieses Sturms nachzugeben.« (E, 90)

Verbote offenbaren somit eine ambivalente Struktur. Auf der einen Seite schützen sie die Gesellschaft und ihre Mitglieder vor gewaltsamen Übergriffen sowohl äußerer wie innerer Herkunft, auf der anderen Seite üben sie jedoch eine um so größere Faszination aus und verlocken die Menschen zu ihrer Überschreitung, u.a. gerade dadurch, daß sie bestimmte Dinge, Personen und/ oder Handlungen ausschließen. »Das Verbot, das der Schrecken begründet, legt uns nicht nur nahe, es zu beachten. Das Gegenstück dazu fehlt nie. Ein Hindernis umzustoßen, ist schon an sich etwas Verlockendes.« (E, 49) [8] In der Anerkennung von Verboten und Tabus sieht Bataille geradezu die Bedingung für die Möglichkeit ihrer Übertretung. Das Ereignis der Überschreitung bleibt immer an die durch Verbote konstituierte Welt der Arbeit und Dinglichkeit gebunden; die diskontinuierliche Welt bildet die für jegliche Form der Überschreitung notwendige Voraussetzung. Umgekehrt werden aber die Verbote durch eine Übertretung niemals endgültig aufgehoben, sondern im Gegenteil in ihrer Gültigkeit erst recht befestigt. »Das Verbot behält wesentlich die Möglichkeit der Überschreitung vor und ebenso behält die Überschreitung die Strenge des Verbotes bei.« (S, 52) Für Bataille offenbart sich damit ein grundlegendes (»dialektisches«) Wechselverhältnis von Verboten und ihren periodisch erfolgenden Überschreitungen. Er erweitert seine Gesellschaftstheorie, indem er dieses Phänomen in Parallelität zu seiner Konzeption einer Allgemeinen Ökonomie setzt: »Dem Dualismus von Energieakkumulation und Energieverschwendung entspricht [...] der Dualismus von Tabu und Übertretung oder Diskontinuität und Kontinuität.«[9]

Mit Hilfe der Untersuchungen des britischen Ethnologen und Soziologen Victor Turner läßt sich das von Bataille beschriebene Wechselverhältnis von Verbot und Überschreitung, von Diskontinuität und Kontinuität präzisieren und erweitern. Wie Bataille ist auch Turner von der inneren und äußeren, konstitutiven Instabilität von Gesellschaften überzeugt. »Menschliche Populationen sehen sich immer wieder Schocks und Krisen ausgesetzt [...]; sie müssen sich mit Problemen auseinandersetzen, die einerseits mit der Aufrechterhaltung festgelegter, institutioneller Strukturen verbunden sind und die andererseits eine kreative Anpassung an plötzliche oder dauerhafte Veränderungen der Umwelt, welche solche Festlegungen unterwandern und für Unbestimmtheit sorgen, erfordern.«[10]

Diese Oszillation zwischen (Selbst-)Erhaltung und periodisch erfolgender Auflösung von Gesellschaften findet ihren Niederschlag in Turners Gesellschaftstheorie und der darin vorgenommenen fundamentalen Unterscheidung der Begriffe »Struktur« und »Anti-Struktur«. Mit diesen Begriffen verbinden sich bei Turner zwei sich diametral gegenüberstehende, nicht ineinander überführbare Auffassungen der gesellschaftlichen Wirklichkeit.

Ein erstes Modell beschreibt Gesellschaft als ein komplexes, differenziertes System sozialer Beziehungen und Positionen. Danach ist die gesellschaftliche Wirklichkeit durchgängig strukturiert durch »ein mehr oder weniger ausgeprägtes Arrangement spezialisierter und voneinander abhängiger Institutionen sowie [durch] die institutionelle Organisation von Positionen und/oder Akteuren, die diese Institutionen voraussetzen«[11]. Innerhalb eines solchen differenzierten Systems miteinander vernetzter Institutionen sind auch die Beziehungen zwischen den Menschen weitgehend institutionell geregelt. Sie geraten vor allem als Beziehungen bzw. als Konflikte zwischen Inhabern von hierarchisch gegliederten Statuspositionen, Rollen oder Ämtern in den Blick.

Diesem »sozialstrukturalistischen« Gesellschaftsmodell stellt Turner eine »alternative«, »anti-strukturalistische« Konzeption von Gesellschaft gegenüber. Aufgrund der kontingenten Dynamik des Lebens lösen sich die fixierten, institutionalisierten Strukturbeziehungen einer Gesellschaft notwendigerweise immer wieder auf. Während dieses Zeitraumes durchläuft die Gesellschaft eine Phase, in der ihr bisheriger innerer Zustand bereits verschwunden, ein neu strukturierter Zustand aber noch nicht wieder erreicht ist. In dieser Zwischenphase erscheint die Gesellschaft »als unstrukturierte oder rudimentär strukturierte und relativ undifferenzierte Gemeinschaft, comitatus, oder auch Gemeinschaft Gleicher«[12].

In »Zeiten radikalen sozialen Wandels [...], wenn sich die Gesellschaft selbst von einem fixierten Zustand zu einem anderen zu bewegen scheint«[13], erfüllen Riten die Funktion, die unvermeidlichen Störungen der Sozialordnung durch eine mehr oder weniger erfolgreiche Steuerung der Veränderungsprozesse abzuschwächen. Rituale dienen dabei nicht nur der Stabilisierung der sozialen Einheit bzw. der sozialen Ordnung, sie erleichtern nicht nur den Umgang mit Ereignissen, die den Deutungs- und Orientierungsmustern der Gesellschaft schwer zuzuordnen sind, sie leisten gleichzeitig einen unentbehrlichen Beitrag zu dem für jede Gesellschaft lebensnotwendigen Prozeß struktureller Neuausrichtung. Zahlreiche Rituale zumindest vorindustrieller Gesellschaften erfüllen die Funktion, die einzelnen Mitglieder der Gesellschaft zu bestimmten Zeiten in neue Statuspositionen und Statusrollen einzuweisen, sie werden mit dem »Ziel der stärkeren Einbettung in die reiche Vielfalt des strukturellen Rollenspiels« [14] durchgeführt.

Im Anschluß an Arnold van Genneps Schrift *Übergangsriten* (1909) [15] analysiert Turner detailliert solche Orts-, Zustands-, Positions- oder Altersgruppenwechsel. Übergangsriten lassen sich in ihrem Verlauf in drei Phasen zergliedern: in eine Trennungsphase (präliminale Phase), in eine Schwellenphase (liminale Phase) und in eine Angliederungsphase (postliminale Phase). Die Trennungsphase ist dadurch gekennzeichnet, daß ein einzelner oder eine Gruppe aus einer früheren, fixierten Position der Sozialstruktur herausgelöst wird. Die sich anschließende Schwellenphase ist durch Ambiguität, Unbestimmtheit, Paradoxalität geprägt. Wer sich in dieser Phase befindet, befindet sich in einem Zwischenzustand, in einer Phase zwischen zwei institutionell eindeutig definierten Situationen oder Positionen. »Die Eigenschaften des Schwellenzustands [...] sind notwendigerweise unbestimmt, da dieser Zustand und diese Personen durch das Netz der Klassifikationen, die normalerweise Zustände und Positionen im kulturellen Raum fixieren, hindurchschlüpfen. Schwellenwesen sind weder hier noch da; sie sind weder das eine noch das andere, sondern befinden sich zwischen den vom Gesetz, der Tradition, der Konvention und dem Zeremonial fixierten Positionen.« [16]

Turner hebt am Zustand der Schwellenphase vor allem die

Erfahrung von Solidarität, Gemeinschaft, Communitas hervor. Phänomenologisch versucht er, diese Erfahrung von Communitas anhand von Martin Bubers dialogischem Prinzip des Ich-Du-Verhältnisses zu beschreiben. Das »Zwischenmenschliche« wird von Buber als lebendige Beziehung zwischen ganzen Menschen, als »Beziehung zwischen konkreten, historischen, idiosynkratischen Individuen« [17], als Erfahrung einer »direkten, unmittelbaren und totalen Konfrontation menschlicher Identitäten« [18] herausgestellt. Eine Beschreibung oder Definition des inneren Erlebnisaspekts der Erfahrung von Communitas gelingt allerdings immer nur annäherungsweise; man bleibt auf Metaphern angewiesen. Letztlich läßt sich Communitas nur in bezug zur Struktur fassen, denn Communitas wird vor allem als Überschreitung und Aufhebung von Normen (Verboten) erfahren, die strukturierte und institutionalisierte Beziehungen leiten.

In der letzten Phase der Übergangsriten, der Angliederungsphase, kommt es wieder zu einer allmählichen Einbindung in ein System sozialer Positionen, es herrscht ein relativ stabiler Zustand. Klar definierte, von einer Sozialstruktur bedingte Rechte und Pflichten erleichtern ebensosehr die Ausrichtung des Verhaltens wie traditionelle Normen und ethische Maßstäbe.

Das von Turner herausgearbeitete »dialektische« Wechselverhältnis von Statussystem (Struktur) und Schwellenzustand (Anti-Struktur) zeigt deutliche Parallelen zu dem von Bataille ebenfalls »dialektisch« aufgefaßten »Gleichgewichtsspiel von Verbot und Überschreitung« (E, 38). Die auf den ersten Blick nahtlose Übereinstimmung beider Konzeptionen darf jedoch nicht über ihre durchaus vorhandenen Unterschiede hinwegtäuschen, die vor allem in einer jeweils anderen Gewichtung der beobachteten oder beschriebenen Tatsachen bestehen. Rückt Bataille die inneren, ekstatischen Erfahrungen der (Selbst-)Entgrenzung und die damit verbundenen Erfahrungen der Befreiung von der durch Isolation geprägten, diskontinuierlichen Existenzweise des Menschen in den Vordergrund, so beschreibt Turner die Erfahrung von Communitas während der rituellen Schwellenphase – trotz Betonung ihres Unbestimmtheitscharakters – gerade nicht als totale Verschmelzung oder kollektive Ekstase: »Communitas [...] erhält [...] individuelle Verschiedenheit aufrecht – sie ist weder Regression zur Kindheit, noch ist sie emotional oder ein ›Aufgehen‹ in Phantasie.«[19]

Der entscheidende Gegensatz zu Bataille besteht aber darin, daß sich Turner letztlich für die durch Rituale erfolgenden gesellschaftlichen Prozesse der Stabilisierung, der strukturellen Neuausrichtung und Institutionalisierung interessiert: »Liminale Phänomene haben, auch wenn sie ›inversiv‹ zu sein scheinen, die Tendenz, für die Sozialstruktur letztendlich funktional zu sein, da sie für ihr möglichst reibungsloses Funktionieren sorgen.«[20] Turners vorrangiges Interesse an den gesellschaftlichen Funktionen von individuellen wie sozialen Entgrenzungen manifestiert sich auch in seiner Interpretation der sogenannten spielerischen Aspekte der Liminalität: »Eine Kultur [...], die lange Zeit einen Schatz an scheinbar funktionslosen, ja lächerlichen liminalen Verhaltensschemata oder [...] ein Repertoire an tief verankerten, varianten Kulturmodellen mit sich trägt, von denen sich das eine oder andere unter drastisch veränderten ökologischen oder biologischen Bedingungen als anpassungsfähig erweisen mag, ist paradoxerweise viel funktionaler.«[21] Bei aller Betonung des entgrenzenden Charakters von Ritualen bleibt Turner damit der strukturfunktionalistischen Tradition der britischen »social anthropology« auf seine Weise treu.

4. Die »innere« Erfahrung der Grenzüberschreitung

Im Gegensatz zu Victor Turners Analyse von Ritualen beschreibt Georges Bataille weniger die gesellschaftliche Funktion von individuellen wie sozialen Entgrenzungen durch zeitweilige, durch Rituale begleitete Übertretungen von Verboten, sondern konzentriert sich eher auf die damit einhergehenden »inneren« Erfahrungen der Grenzüberschreitungen. Diese Erlebnisse zeichnen sich zunächst durch ihre gewaltsamen Aspekte aus, durch ihre enge Verbindung mit Auflösung, Zerstörung und Tod. Zugleich stellt Bataille die Entgrenzung und Dezentrierung der menschlichen Subjektivität in einen unlösbaren Zusammenhang mit intensiven, ekstatischen Erlebnissen von »Souveränität« und Freiheit, die den einzelnen als ein mit sich selbst identisches Wesen in die gesamte Welt integrieren soll.

Ein nochmaliger Blick auf Emile Durkheims Religionssoziologie vermag zu einer ersten Annäherung an die von Bataille beschriebenen, gewaltsamen Erfahrungen des Selbstverlustes zu verhelfen. Wie vollzieht sich innerhalb des von Durkheim analysierten religiösen Lebens (archaischer Gesellschaften) der Übergang von der heterogenen, diskontinuierlichen Welt zu derjenigen der Homogenität und Kontinuität? Welche Prozesse werden bei einer Berührung zwischen profaner und heiliger Welt in Gang gesetzt? Was geschieht bei einer Übertretung der Verbote, bei einer »Ansteckung« durch das Heilige? Aufschlußreich sind in diesem Zusammenhang vor allem Durkheims Schilderungen von »entweihende[n] Überschreitungen«[1], d.h. von unberechtigten Kontaktaufnahmen des Profanen mit dem Heiligen.

»Wegen der innewohnenden Ansteckung all dessen, was heilig ist, kann ein profanes Wesen ein Verbot nicht verletzen, ohne daß sich die religiöse Kraft, der er sich unberechtigt genähert hat, auf ihn ausdehnt und ihn beherrscht. Da aber zwischen ihr und ihm ein Gegensatz besteht, findet er sich damit unter der Herrschaft einer feindlichen Macht, deren Feindschaft sich notwendigerweise alsbald in der Form heftiger Reaktionen zeigt, die ihn zu zerstören trachten. Daher betrachtet man Krankheit und Tod als natürliche Folgen einer jeden Überschreitung dieser Art.« [2]

Gewalt, Zerstörung und Tod werden allerdings nicht nur bei unerlaubter Übertretung der Verbote erfahren, auch erlaubte, ja gebotene Überschreitungen, die sich etwa in Form von Opfer- oder Initiationsriten abspielen, offenbaren den engen Zusammenhang von Überschreitung und Gewalt- bzw. Todeserfahrung. Ein Initiationsritus ist »eine Verwandlung totius substantia. Man behauptet, daß in diesem Augenblick der junge Mann stirbt, daß der Mensch, der er war, aufhört zu existieren und daß ein anderer in diesem Augenblick an seine Stelle tritt. Er wird in einer neuen Form wiedergeboren.« [3] Wie bereits die ethnologischen Untersuchungen Victor Turners zeigten, vollzieht sich in solchen rituellen Praktiken eine »wirkliche Metamorphose« [4], und zwar nicht allein als Verwandlung des jeweiligen Initianten. Vielmehr erfährt die gesamte Sozialstruktur eine tiefgreifende Transformation und Neuausrichtung.

»Initiationsriten sind [...] die zentralen Feste des Stammes, die entscheidenden Erlebnisse des Einzelnen; denn in ihnen vollzieht sich nichts anderes als die Erneuerung der Gemeinschaft. Eine soziale Lebensform [...] kann die Spanne eines Menschenlebens nur dann überdauern, wenn es gelingt, sie der nächsten Generation weiterzugeben; nur die Lebensformen bleiben bestehen im Wechsel der Generationen, die der jeweils heranwachsenden Jugend eingeprägt, ja als unauslöschliches Siegel eingebrannt werden – wie gewaltsam und grausam primitive Initiationsriten oft verlaufen, ist bekannt.« [5]

Indem Riten – und insbesondere Initiationsriten – der Funktion dienen, kritische Momente im Leben menschlicher Gesellschaften zu bewältigen, beziehen sie also Gewalt und Zerstörung in die Struktur der menschlichen Gesellschaft ein. Wenn eine Gesellschaft der Gewalt und dem Tod nicht ohnmächtig ausgeliefert sein soll, dürfen Aggressionen nicht vollständig verdrängt werden, sondern müssen zu bestimmten Zeiten auf konstruktive Weise entbunden werden.

»Das Leben sieht sich mitunter genötigt, die Schatten des Todes nicht zu vermeiden, sondern sie in sich wachsen zu lassen, bis zur Gefahr der Ohnmacht und letztlich des Todes selbst. Die ständige Wiederkehr verhaßter Momente [...] ist schon unter normalen Umständen gegeben, aber sie ist unzureichend. Wenigstens reicht es nicht zu, daß die Schatten des Todes gegen unseren Willen wiederkehren: wir müssen sie noch aus freien Stükken herbeiführen, – auf eine Weise, die genau unseren Bedürfnissen entspricht.« (LB, 59 f.)

Gewalt und Tod stellen somit nicht unversöhnliche Gegensätze zur gesellschaftlichen Ordnung und Struktur dar, sondern bilden gleichzeitig auch die tragende Kraft und unverzichtbare Voraussetzung jeder menschlichen Gesellschaft. Mit Hilfe von Initiationsriten und Opferritualen – auch Initiationsriten können in einem übertragenen Sinne als Opferungen gefaßt werden – erreichen Gesellschaften und ihre einzelnen Mitglieder periodisch auftretende Momente des Einklangs und der Harmonie mit der (gewaltsamen) Natur, d.h. letztlich mit den in Batailles Augen fundamentalen Austauschprozessen von Leben und Tod.

»Es ist überhaupt die Sache des Opfers [und des Initiationsritus], Leben und Tod in Übereinstimmung zu bringen: dem Tod verleiht es ein Aufquellen des Lebens, dem Leben die Schwere, den Taumel und das Offenwerden gegenüber dem Tod. Es ist das Leben, vermischt mit dem Tod, aber im selben Augenblick ist der

Tod in ihm ein Zeichen des Lebens, Öffnung ins Unbegrenzte.« (E, 89)

Gewalt und Tod erhalten also in der Form von Opfer- und Initiationsriten eine sowohl symbolische als auch pragmatische Repräsentation innerhalb der menschlichen Gesellschaft. Die periodisch erfolgenden, gewaltsamen, bis zur vollständigen Auflösung der Ich-Schranken gehenden Erfahrungen, die in jenen Riten ihre paradigmatische Ausprägung erhalten, sind für Bataille aber darüber hinaus unlösbar mit einem Moment souveräner Freiheit verbunden. Erst in der bewußten Übertretung des Verbotes, in gefährlichen, risikoreichen Augenblicken, im Aufs-Spiel-Setzen und Verschwenden des eigenen Lebens erwirbt der Mensch seine volle Unabhängigkeit und Souveränität. Bataille entdeckt sogar in den Erfahrungen von Schmerz und Leiden als solchen diese Dimension der Befreiung.

Auf seine Weise hatte bereits Durkheim diese paradoxe Verbindung herausgestellt und darauf hingewiesen, »daß der Schmerz außerordentliche Kräfte freimacht [...]. Denn in der Art, wie er [der Initiant] dem Schmerz widersteht, zeigt sich tatsächlich am besten die Größe des Menschen. Niemand erhebt sich strahlender über sich selbst, als wenn er seine Natur derart bezähmt, daß sie das Gegenteil von dem tut, was sie spontan tun würde.«[6] Durkheim schildert die aus der Schmerzerfahrung resultierende Freiheit vor allem als eine Befreiung des Menschen im Kampf gegen seine eigene Natur. Bataille hingegen arbeitet – unter dem Einfluß von Friedrich Nietzsches Schrift *Die Geburt der Tragödie* und der dort vorgenommenen Unterscheidung der dionysischen Welt des Rausches und der apollinischen Welt des Traumes – die gerade aus dem Schmerz und der Angst entstehenden, ekstatischen Augenblicke der Erfahrung von Selbst- und Realitätsverlust als (lustvolle) Vereinigung des Menschen mit seiner eigenen Natur heraus. Bataille wie Nietzsche sind gleichermaßen fasziniert von der

»wonnevolle[n] Verzückung [...], die bei demselben Zerbrechen des principii individuationis aus dem innersten Grunde des Menschen, ja der Natur emporsteigt«[7], von »jene[n] dionysischen Regungen, in deren Steigerung das Subjektive zu völliger Selbstvergessenheit hinschwindet«[8].

Die »innere« Perspektive der körperlichen Empfindung fürchterlicher Schmerzen, die Menschen beispielsweise bei Folterungen oder schweren Krankheiten erdulden müssen, macht – wenn auch auf makabre Weise – diesen vollständigen Umsturz, diese totale Umwälzung des Subjekts am deutlichsten sichtbar. Die grauenvollen Schmerzen stellen Erfahrungen von extremer Intensität dar, die so weit gehen, daß der Gefolterte bzw. der Kranke im Zustand höchsten Schmerzes sein Bewußtsein verliert. Gerade in den schockartigen Momenten einer Folterung wird oftmals der Schmerz als solcher gar nicht mehr empfunden; erst nach dem Vollzug dieser Torturen macht er sich bemerkbar.

Für Nietzsche und Bataille ist dies ein Zeichen dafür, daß der Gequälte und Leidende in der Schmerzerfahrung, in der gewaltsamen, physischen Öffnung seines Körpers eine sonst nicht mögliche, intensive, ekstatische Erfahrung seiner selbst macht. Insofern die Schmerzerfahrung die Differenz des Leidenden zu sich selbst, insbesondere aber seine Distanz zu seinem eigenen Körper aufhebt, verschmilzt er auf eine »animalische« Weise mit seinem Körper, er wird selbst ganz Körper. Es kommt also zu einer quasimystischen Vereinigung des Menschen mit seinem eigenen Körper, wodurch sich zwangsläufig auch die Differenz zu seiner ansonsten klar geordneten, diskontinuierlichen Welt auflöst. Nietzsche und Bataille weisen allerdings auf den immer nur augenblickhaften Charakter dieser ekstatischen Erfahrung maßloser, unerträglicher Schmerzen hin. Würden die Schmerzen länger dauern, fielen sie zwangsläufig mit dem Tod des Individuums zusammen. »Fünf, sechs Sekunden und nicht mehr: da fühlt ihr plötzlich die Gegenwart der ewigen Harmonie. Der Mensch kann, in seiner sterblichen Hülle, das nicht aushalten; er muß sich physisch umformen oder sterben.«[9]

Aber nicht allein aus der Perspektive des gequälten Opfers (oder des leidenden Kranken) wird diese mit Schmerz und »Lust« verbundene, quasi-mystische Erfahrung der Einheit bei gleichzeitiger Zerstörung des »Prinzips der Individualität« nachvollziehbar. Bereits der Anblick von Folterungen oder qualvollen Hinrichtungen, ja bereits ihre bloße Vorstellung in der Phantasie genügt oftmals, um solche schockhaften Erfahrungen der Entgrenzung herbeizuführen. Die dabei entstehenden Gefühle des Aus-der-Fassung-Geratens, des Entsetzens und des Ekels lösen ebenfalls für kurze Zeit die eigene, bis dahin fraglos gültige, »natürliche« Einstellung auf; sie sprengen bis zu einem gewissen Grad die Grenzen der eigenen Identität und führen dazu, daß der Tod annäherungsweise erfahrbar wird. Die Beobachter solcher Schauspiele werden also selbst gleichsam in das Ereignis der Entgrenzung hineingezogen, es gelingt ihnen nicht mehr, vollständig die Fassung zu bewahren und eine Distanz, eine eindeutige Grenze zu diesem Ereignis herzustellen. Die Photographie eines gemarterten Chinesen, die Bataille 1926 von dem Psychoanalytiker Adrien Borel erhielt und die ihm als »Meditationsstütze« diente[10], vermittelt diese Erfahrung der radikalsten Form der Überschreitung der eigenen Grenzen (vgl. TE, 245).

»Abgetrennte Glieder, ein abgehauener Kopf, eine vom Arm gelöste Hand [...], Füße, die für sich allein tanzen [...] haben etwas ungemein Unheimliches an sich.«[11] Auch Sigmund Freud weist auf die furchteinflößende, abstoßende, Abscheu erregende Wirkung erfahrener oder beobachteter gewaltsamer Ereignisse im Zusammenhang mit Tod und Sterben hin. Gleichzeitig betont er aber auch die höchst zweideutige, ambivalente Gefühlseinstellung von Entsetzen und Ekel einerseits, von Anziehung und Faszination andererseits. Die Gefühlsregungen sind nicht selten auch mit »einer gewissen Lüsternheit«[12] verbunden. Für Freud rühren sie zu einem beträchtlichen Teil daher, daß unbewußte, verdrängte Anteile des Seelenlebens auf unfreiwillige Art wiederkehren. In der Regel werden solche Gefühlsregungen zwar (vor sich selbst) zurückgewiesen, es bleibt aber dennoch ein unbestimmtes, dunkles Wissen um diese Regungen »in entlegenen Winkeln der eigenen Persönlichkeit«[13] bestehen.

Die Gefühle, die etwa durch eine Betrachtung der grauenvollen Photographie des gemarterten Chinesen hervorgerufen werden, offenbaren somit auf besonders eindringliche Weise den ambivalenten und paradoxen Charakter der Erfahrung der Grenzüberschreitung. Auf der einen Seite steht das unstillbare, immer wiederkehrende Verlangen des Menschen nach einer – als lustvoll empfundenen bzw. als lustvoll antizipierten – Aufhebung der eigenen Grenzen, der Einsamkeit und der Isolation, also das Bedürfnis nach »Erlösung« aus dem zeitweise unerträglich erscheinenden Prinzip der Individuation, und zwar nicht allein innerhalb des Verhältnisses des Menschen zu sich selbst oder zu seinen Mitmenschen, sondern auch in einer allgemeinen Weise im Rahmen seines Verhältnisses zu seiner gesamten Welt und Natur.

»Wir sind diskontinuierliche Wesen, Individuen, die getrennt voneinander in einem unbegreiflichen Abenteuer sterben, aber wir haben Sehnsucht nach der verlorenen Kontinuität. Wir ertragen die Situation nur schwer, die uns an eine Zufalls-Individualität fesselt, an die vergängliche Individualität, die wir sind. In der gleichen Zeit, in der wir das geängstigte Verlangen nach der Dauer dieses Vergänglichen hegen, sind wir von der Vorstellung einer ursprünglichen Kontinuität besessen, die uns ganz allgemein mit dem Sein verbindet.« (E, 17 f.)

Diese Aussage Batailles kündigt bereits die andere Seite der Erfahrung der Grenzüberschreitung an. Für ihn ist die Möglichkeit einer tatsächlichen Befriedigung des grundlegenden Bedürfnisses nach Einheit und Kontinuität unlösbar mit dem (Er-)Schrecken, insbesondere mit der furchtbaren Angst vor einer endgültigen Vernichtung und Auflösung der eigenen Individualität verbunden. »Das Wesen der Leidenschaft ist es, die fortdauernde Diskontinuität durch eine wunderbare Kontinuität zwischen zwei Wesen zu ersetzen. Aber diese Kontinuität wird hauptsächlich in der Angst empfunden, insofern, als sie unerreichbar, als sie ein Trachten ist in Ohnmacht und Zittern.« (E, 22) Nähert sich der Mensch also Augenblicken möglicher Grenzüberschreitung, »dann öffnet sich der Schlund des Ursprungs, in den das individuierte Subjekt um nichts in der Welt kann zurückkehren wollen [...]; was zuvor wie selige Auflösung erschien, wird jetzt zur entsetzlichen Zerstückelung; was die Sehnsucht zu begehren vorgab, läßt sie nun vor der Erfüllung mit definitivem Ekel zurückschaudern. Der Vereinigungsdrang schlägt um in Trennungswut, und aus dem Eros der Rückkehr in den Schoß von Erde und Gruppe wird Auflösungspanik und Abscheu.« [14]

Mit Hilfe dieser »zwischen lustvoller Verschmelzung und angsterregender Gestaltlosigkeit« [15] angesiedelten Erfahrung läßt sich das (»dialektische«) Wechselverhältnis von Verbot und Verbotüberschreitung noch einmal genauer bestimmen. Bei einer Überschreitung von Verboten verschwinden nicht etwa die Verbote, sie bleiben im Gegenteil weiterhin bestehen und offenbaren sich auf der Ebene der menschlichen Subjektivität in Form von Angst oder besser: Todesangst. Verbote wirken als eine Art Katalysator, sie bilden gleichsam das Sprungbrett für die Erfahrung der Entgrenzung. Die unaufhebbare Spannung, die Verbot und Verbotüberschreitung trennt, stellt die unverzichtbare Voraussetzung der Ekstase, der Transgression, der Entgrenzung des Ich dar. Um dorthin zu kommen, muß der Mensch etwas riskieren und aufs Spiel setzen, unter Umständen sogar sein eigenes Leben.

Bataille fordert daher dazu auf, diese Angst bewußt zu erleben. Gerade die gleichzeitige Erfahrung von Angst und Überwindung dieser Angst ist für Bataille konstitutiv für jede Form einer ekstatischen Erfahrung:

»Es gibt einen Bereich, in dem der Tod nicht bloßes Verschwinden bedeutet, sondern jenen unerträglichen Aufruhr, in dem wir gegen unseren Willen verschwinden, während wir um jeden Preis nicht verschwinden sollten. Gerade dieses um jeden Preis, dieses gegen unseren Willen zeichnet den Augenblick der äußersten Lust und der nicht benennbaren, aber wunderbaren Ekstase aus. Wenn es nichts gäbe, das uns überschreitet, das um keinen Preis eintreten dürfte, erreichten wir nie den Augenblick, in dem wir von Sinnen sind, den wir mit allen unseren Kräften anstreben und gegen den wir uns zugleich mit allen Kräften wehren.« (ME, 59)

In letzter Konsequenz entscheiden daher für Bataille die jeweilige Kraft und Stärke der einzelnen Menschen darüber, ob sie an diesen Prozessen ekstatischer Entgrenzung in bewußter Weise teilnehmen wollen oder nicht. »In dem Maße, wie sie es können, (es ist eine – quantitative – Frage der Kraft), nehmen die Menschen die größten Verluste und die größten Gefahren auf sich.« (E, 85)

Trotz dieser je nach psychischer und physischer Stärke des einzelnen möglichen intensiven Erfahrungen der Auflösung des diskontinuierlichen, individuellen bzw. subjektiven Prinzips bei gleichzeitiger Erfahrung von totaler Einheit und Kontinuität mit der »fremden« wie »eigenen« Natur erfolgt keine endgültige Auflösung und Vernichtung der Subjektivität. Zwar verirrt sich das Subjekt in der Erfahrung der Entgrenzung, es »geht im Objekt unter, das sich seinerseits auflöst. Es könnte sich jedoch nicht in einem solchen Maße auflösen, wenn seine Natur ihm nicht diese Veränderung gestattete; trotzdem bleibt in der Erfahrung das Subjekt bestehen.« (EI, 76)[16]

Zunächst stellen die Erfahrungen der Entgrenzung für Bataille immer nur Erfahrungen einer Annäherung an den Tod, immer nur Todessimulationen dar. »Ein Suchen nach der Kontinuität tritt auf, aber grundsätzlich nur so weit, wie die Kontinuität, die allein der Tod der diskontinuierlichen Wesen endgültig herstellen könnte, nicht den Sieg davonträgt. Es handelt sich darum, ins Innere einer auf die Diskontinuität gegründeten Welt so viel Kontinuität einzulassen, wie diese Welt ertragen kann.« (E, 21) »Das wahre Leben gibt es nur im Tode, aber im Tod gibt es kein Leben. Wie läßt sich der Tod leben? Er läßt sich nur simulieren. Die Angst und die Verzückung [...] der Ekstase sind Todessimulationen. In ihnen kommt das Ich zu sich, indem es sich preisgibt.« [17]

Die Subjektivität bleibt aber nicht nur aus dem Grunde erhalten, weil die Todeserfahrung immer nur annäherungsweise gelingt, vielmehr ereignet sich in der (simulierten) Erfahrung des Todes paradoxerweise gerade das Gegenteil eines vollständigen Selbstverlustes, nämlich eine intensive Steigerung der Subjektivität. Zwar kommt es während der Erfahrung der Entgrenzung tatsächlich zu einer Auflösung der Subjektivität, zu einem Verlust der grundsätzlichen Fähigkeit des Subjekts, sich auf objektive Gegebenheiten ausrichten und beziehen zu können. Insofern aber das Individuum in der ekstatischen Erfahrung der Entgrenzung seine »Fassung« verliert, konstituiert sich für Bataille gerade das »Selbstbewußt*sein*« in einem emphatischen Sinne: Das Subjekt wird durch den vollständigen Verlust seiner Distanz zu allen Erscheinungen seiner Lebenswelt auf seine reine Existenzweise zurückgeworfen. Das Charakteristische der Todeserfahrung (und der mit ihr einhergehenden Erfahrung des u.U. unerträglichen Schmerzes) liegt daher paradoxerweise in ihrer »bewußtseinsschärfenden Qualität« [18], die sich in der Form eines »sinnhafte[n] Verlust[es] der Intentionalität« [19] vollzieht.

»Es geht darum, den Punkt zu erreichen, an dem das Bewußtsein nicht mehr Bewußtsein von etwas ist. Mit anderen Worten, sich der entscheidenden Bedeutung des Augenblicks bewußt zu werden, in dem das Wachstum (der Erwerb von etwas) sich in Verlust auflöst, und genau das ist das Selbstbewußtsein, das heißt ein Bewußtsein, das nichts mehr zum Gegenstand hat.« (VT, 233) – »Außer der reinen Innerlichkeit, dessen, was kein Ding ist.« (VT, 233, Anm. 77)

Dieser »sinnhafte Verlust der Intentionalität«[20] ereignet sich bereits in einem alltäglichen, leicht nachvollziehbaren Phänomen: dem Lachen.[21] In widersprüchlich erscheinenden Situationen, die zunächst keine eindeutige Reduktion dieser Komplexität zulassen, äußert sich die Unsicherheit der Beteiligten in der entlastenden Form des Lachens. Helmuth Plessner bestimmt das Lachen als eine »Reaktion, die zugleich Selbstbehauptung und Selbstpreisgabe verrät. Indem er lacht, überläßt er seinen Körper sich selbst, verzichtet somit auf die Einheit mit ihm, die Herrschaft über ihn. Mit dieser Kapitulation als leibseelisch-geistige Einheit behauptet er sich als Person.«[22]

Die von Bataille dargestellte Erfahrung einer selbstbewußten Auflösung der eigenen Ich-Grenzen, wie sie beispielhaft im Phänomen des Lachens zum Ausdruck kommt, erinnert – zumindest in ihrer »Struktur« – auch an Martin Heideggers phänomenologische Beschreibung der »Grundstimmung der Angst«[23]. Diese präsentiert er in seiner Antrittsvorlesung »Was ist Metaphysik?«[24] (1929) als paradigmatische »Grunderfahrung des Nichts«[25]: »Die Angst offenbart das Nichts. Wir ›schweben‹ in Angst. Deutlicher: die Angst läßt uns schweben, weil sie das Seiende im Ganzen zum Entgleiten bringt. Darin liegt, daß wir selbst – diese seienden Menschen – inmitten des Seienden uns mitentgleiten. Daher ist im Grunde nicht ›dir‹ und ›mir‹ unheimlich, sondern ›einem‹ ist es so. Nur das reine Da-sein in der Durchschütterung dieses Schwebens, darin es sich an nichts halten kann, ist noch da.«[26]

Durch die Erfahrung der Entgrenzung entdeckt Bataille also einen weiteren paradoxen Sachverhalt, nämlich zwei verschiedene Ausprägungen von Subjektivität, zwei unterschiedliche Manifestationen des Ich oder – in anderen Worten – eine konstitutive Spaltung der Subjektivität. In der Schrift »Le labyrinthe« (1936), die in einer überarbeiteten Form später in *L'Expérience intérieure* Eingang findet[27], versucht er, diese Dichotomie mit Hilfe der Begriffe »je« und »ipse« zu bestimmen.[28]

Die erste Ausprägung der Subjektivität in der Form des »je« findet sich in der labyrinthartigen, diskontinuierlichen Welt des Wissens, der Zwecke und der Arbeit, der durch die Sprache konstituierten Vermittlungen und Differenzen.[29] Auch die Beziehungen und Kommunikationen zwischen den Menschen stützen sich auf das gegenseitige Wissen voneinander. Zwar vermeinen die Menschen einander zu kennen und zu verstehen, sie bleiben sich aber nichtsdestoweniger weiterhin fremd.

Im Gegensatz zu dieser Welt der (äußeren) Betriebsamkeit und »Unendlichkeit« der Symbole beschreibt die zweite Ausprägung der Subjektivität, das »ipse«, die nicht-diskursive Existenzweise des Menschen, welche dadurch zwangsläufig unbestimmt und verschwommen bleiben muß. Mit dem vollständigen Verschwinden der Möglichkeit einer Distanznahme, mit dem völligen Verlust des Sinns innerhalb der ekstatischen Erfahrung der Entgrenzung ist auch jegliche Möglichkeit einer Vorstellung und sprachlichen Repräsentation dieser Erfahrung hinfällig geworden. Da allein das Nichts des reinen Verlusts übrigbleibt, bleibt daher auch das »ipse« als Träger der geschilderten mystischen Erfahrungen ein sprachloses, stummes, leeres Ich. »Das Labyrinth der Kenntnisse (des Wissens, des Geschwätzes) und eine verstümmelte Existenz, oder die Nacht des Nichtwissens und die Ekstase, das Sichriskieren – diese Alternative zeigt Bataille auf.«[30]

Die von Bataille festgestellte Zweideutigkeit der Subjektivität, insbesondere aber die durch das »ipse« gemachten irreduziblen Erfahrungen der eigenen inneren Leere führen damit nicht nur zu ihrer notwendigerweise unvollkommenen sprachlichen Repräsentation. Insofern gerade die Sprache der Welt der Differenzen angehört, also selbst ständig Diskontinuitäten erzeugt, ist es in letzter Konsequenz jedem Interpreten grundsätzlich unmöglich, eine adäquate, allgemein zugängliche, sprachliche Artikulation oder Vermittlung sowohl dieser ambivalenten und paradoxen Erfahrung selbst als auch des Verhältnisses der jeweils verschiedenen Formen der Subjektivität zu finden. »Wenn die Sprache der Welt der Zwecke und Mittel zugehört [...], die mystischen Zustände dagegen einem ›stummen, versteckten, ungreifbaren Teil‹ des Selbst, dann ist auch das Ich, das von diesen Erfahrungen redet, nicht dasselbe, das die Erfahrungen macht. [...] Träger der ekstatischen Erfahrung ist das ›ipse‹; aber dieses ist stumm. So muß das ›je‹ für es sprechen und damit dessen Sache notwendig verraten.«[31] Die Erfahrung der durch Selbstentgrenzung hergestellten Kontinuität und Totalität steht damit außerhalb einer sprachlichen Verständigung. Dies gilt selbstverständlich auch für Batailles eigene Versuche einer Darstellung und Repräsentation dieser Erfahrung; »dieses Jenseits der Sprache wird repräsentiert in einem Text. Die ganze Schwierigkeit Batailles, seines Kommentars, ist hier angesiedelt.«[32] Bataille fühlt sich »von einem bestimmten Punkt an durch die Sprache verraten [...]. Die Sprache versagt, weil die Sprache aus Sätzen besteht, die Identitäten auftreten lassen.« (DP, 350) Er trifft sich hier wiederum mit Nietzsche, der in der *Geburt der Tragödie* ebenfalls auf die Sprachlosigkeit und Unkommunizierbarkeit dionysischer Rauscherlebnisse hingewiesen hat: »Um diese Gesamtentfesselung aller symbolischen Kräfte zu fassen, muß der Mensch bereits auf jener Höhe der Selbstentäußerung angelangt sein, die in jenen Kräften sich symbolisch aussprechen will: der dithyrambische Dionysosdiener wird somit nur von seinesgleichen verstanden! Mit welchem Erstaunen mußte der apollinische Grieche auf ihn blicken! Mit einem Erstaunen, das um so größer war, als sich ihm das Grausen beimischte, daß ihm jenes alles doch eigentlich so fremd nicht sei, ja, daß sein apollinisches Bewußtsein nur wie ein Schleier diese dionysische Welt vor ihm verdeckt.« [33]

5. Utopische Erfahrung, Kommunikation, Gewalt

Georges Batailles Theorie eines allgemeinen, sinnlosen, destruktiv wirkenden Kräftespiels von Energien, das sich innerhalb der Gesellschaft als »dialektisches« Wechselspiel von Verbot und Verbotsüberschreitung, auf der Ebene der menschlichen Subjektivität in Form ihrer eigenen Dezentrierung und Spaltung während der Überschreitung manifestiert, scheint offenbar in den Kontext pessimistischer, antihumanistischer, ja nihilistischer Bestrebungen zu gehören. Die von Bataille im Zusammenhang seiner Konzeption einer Allgemeinen Ökonomie beschriebenen »kosmischen« Energiebewegungen, die sich innerhalb der menschlichen Lebenswelt als Auflösung und Zerstörung bestehender Formen und Perspektiven, als Gewalt und Tod offenbaren, erhalten von Bataille den Status eines fundamentalen Grundprinzips, dem weder der einzelne noch eine Gesellschaft letztendlich entkommen können. Menschliches und insbesondere politisches Handeln läßt sich daher niemals einer endgültigen Kontrolle unterwerfen. Es besitzt in den Augen Batailles keine logische Struktur, sondern folgt im Gegenteil einer »Logik des Zufalls«, die Bataille auf eine »Logik der Materie«, auf ein kontingentes Spiel einer »niederen« Materie zurückführt, das den menschlichen Strategien und Intentionen zuwiderläuft. »Die niedere Materie ist den idealen menschlichen Bestrebungen äußerlich und fremd und sperrt sich dagegen, sich auf die großen ontologischen Maschinen reduzieren zu lassen, die aus diesen Bestrebungen hervorgegangen sind.« (NM, 14)

Trotz dieser – insbesondere aus der Perspektive des einzelnen – hoffnungslosen Situation besteht für Bataille immer die (wenn auch einzige) Möglichkeit einer radikalen, souveränen Bejahung dieses grundlegenden ökonomischen Prinzips in mehr oder weniger spektakulär vollzogenen Annäherungen an den Tod im Rahmen von Grenzüberschreitungen. Für die Art und Weise, wie sich der einzelne oder eine Gesellschaft jeweils gegenüber diesem unhintergehbaren Prinzip der Verschwendung, der Zerstörung, der Gewalt und des Todes verhalten will, gibt es einen gewissen Spielraum: »Wird diese Verschwendung bewußt veranstaltet – in Festen, Opfern, Wettkämpfen, heiligen Orgien –, gewinnt der Mensch seine Souveränität aus der Tatsache, daß er die allgemeine Verschwendung, die das Leben ständig mit ihm betreibt, so daß er zunächst deren passives Opfer ist, durch seine freiwillige ekstatische Selbstverschwendung übertrumpft. Bleibt er jedoch, in verhängnisvoller Verkennung der Lebensgesetze, deren passives Opfer, dann kommt die Verschwendung in katastrophischer Form über ihn, in Krisen, Pogromen und Völkermorden.«[1]

Gerade von dieser, an Nietzsches »tragischem Heroismus« orientierten, souveränen Erfahrung aus kann nun aber – auch über die Intentionen Batailles hinaus – eine interessante Perspektive entwickelt werden: Es läßt sich nämlich zeigen, daß Bataille der Unhintergehbarkeit des sinnlosen Kräftespiels – und das heißt in letzter Konsequenz der Unausweichlichkeit des Todes, »der stärksten Nicht-Utopie«[2] – paradoxerweise eine utopische Dimension abzutrotzen weiß. Allerdings kann aus seiner Theorie aufgrund des dort zugrundegelegten energetischen Kräftespiels, das dazu führt, daß jede Form einer Gesellschaft notwendigerweise zu einem bestimmten Zeitpunkt verschwindet, keine Sozialutopie abgeleitet werden. Bataille zufolge ist der Mensch oder eine Gesellschaft nicht nur unfähig, aus sich selbst heraus als mangelhaft empfundene gesellschaftliche Verhältnisse zu einer idealen Gesellschaftsform zu transformieren; darüber hinaus stellt die bloße Vorstellung der Realisierung einer solchen idealen und vollkommenen Form der Gesellschaft nicht selten geradezu eine Schreckensvision dar. Der – u.a. im Rahmen der Diskussion um die Postmoderne inflationär gewordene – Gedanke, daß jeder verwirklichten (Sozial-)Utopie gerade wegen ihres vollendeten Charakters ein abgeschlossener, totalitärer Zug innewohnt, stellt – zumindest aus der Sicht der Ausführungen Batailles – alle utopischen Gehalte unter Ideologieverdacht. Jede Übersetzung einer Utopie »unmittelbar in die Praxis nähme die Utopie an der falschen Stelle ernst und unterliefe die in ihrem totalen Charakter vorausgesetzte Ohnmacht. In solchem Versuch müßte sich ihr Sinn ins Totalitäre verkehren.« [3] Falls utopische Modelle also tatsächlich realisiert würden, würde dies zwangsläufig zu einem Verschwinden des Utopischen in dem Sinne führen, daß die darin angelegte Entwicklungsfähigkeit [4], Offenheit und Freiheit für eine Gesellschaft und ihre Mitglieder für immer verloren wären.

Mit Hilfe der Theorie Batailles lassen sich allerdings utopische Potentiale gerade in einer Situation retten, in der »alle vorherrschenden und vergangenen Ideen, Überzeugungen, Mythen, d.h. die als inhaltliche Utopien funktionierenden kulturellen Objektivationen ideologisch zerstört und unwahr sind« [5]. Die Theorie Batailles und mit ihr die Strategien der »literarischen Moderne« in der ersten Hälfte des 20. Jahrhunderts (z.B. die surrealistische Bewegung um André Breton, die Werke von Marcel Proust, James Joyce oder Robert Musil) versprechen einen Ausweg aus dem »utopischen Paradoxon«, indem sie jegliche inhaltliche Fassung des Utopischen ausklammern und die bis dahin in einem gesellschaftlichen Kontext stehenden Utopien zu einer idiosynkratischen, utopischen Erfahrung eines Subjekts modifizieren.

»Ist die Antizipation des kollektiven ›Glücks‹ [...] fragwürdig geworden, dann ist das ›Glück‹ vielleicht in individuellen Momenten zu retten. An die Stelle der Beschreibung von gesellschaftlichen Harmonie-Zuständen oder ihrer Umkehrung rückt [...] das ›Ich‹ im Zustand emphatischer Wahrnehmung einer die soziale, aber auch bloß private Wirklichkeit transzendierenden ›Ekstase‹ des ›Glücks‹. Die objektive Realität wird nicht mehr als eine utopisch veränderbare gedacht, die futuristische Antizipation fällt überhaupt weg, und die utopische Phantasie verlagert sich in die Innenseite des Subjekts.«[6]

Wie lassen sich aber diese utopischen Momente einer »Glücksekstase« während der Erfahrung der Transgression näher bestimmen? Ebensowenig wie es gelingt, die irreduzible, inkommensurable, esoterische Erfahrung der Transgression (sprachlich) transparent zu machen, ist auch eine Beschreibung der utopischen Dimension der Transgression nur annäherungsweise möglich; sie gelingt innerhalb des Mediums der Sprache nur aus einer unvollkommenen Außenperspektive, so daß man auf eine rein formale Beschreibung dieser utopischen Erfahrung angewiesen bleibt. Phänomenologisch äußert sie sich zunächst als ein Ausnahmezustand, als ein plötzliches, augenblickhaftes Erlebnis, als mystische Erfahrung eines »ganz anderen« Zustandes. Sie wird als ein zeitloses Glück, als ein Zustand von Unversehrtheit, Harmonie und Kontinuität, als eine Erfahrung des »Jetztpunkts zwischen Vergangenheit und Zukunft«[7] erlebt.

Kann aber in diesem Zusammenhang überhaupt noch von einer Utopie im traditionellen Sinne gesprochen werden? Nicht nur entfernt sich die auf eine augenblickhafte Bewußtseinstatsache reduzierte Form der Utopie von sozialen und politischen Bezügen zu der jeweiligen gesellschaftlichen Wirklichkeit, nicht nur fallen alle inhaltlichen Bestimmungen der Utopie aus, sondern im Zusammenbruch jeglicher objektiver Referenz während der Erfahrung der Grenzüberschreitung ist auch die für jede Utopie charakteristische Antizipation verschwunden. Man kann diese Tatsachen allerdings gerade für ein Anzeichen dafür halten, daß es sich bei der Erfahrung der Grenzüberschreitung um eine tatsächliche Realisierung der Utopie handelt, auch wenn sich diese Verwirklichung des Utopischen lediglich auf punktuelle Weise, lediglich für kurze Augenblicke ereignet.

Aus der Sicht der Ausführungen Batailles kann in der Gegenwart, innerhalb der gegenwärtigen Form der Gesellschaft das, was in herkömmlichen Utopien nur antizipiert und der bestehenden, als mangelhaft empfundenen gesellschaftlichen Wirklichkeit (oftmals auf abstrakte Weise) entgegengesetzt wird, auf eine unmittelbare, konkrete Weise ins Werk gesetzt werden. Insofern es für Bataille jederzeit möglich scheint, sich für eine utopische Erfahrung der Entgrenzung zu entscheiden, insofern es jedem einzelnen freizustehen scheint, durch eine Auflösung und Zerstörung der eigenen Ich-Grenzen zu einem Zustand der »Glücksekstase« zu gelangen, ist innerhalb einer Gesellschaft Utopisches immer schon anwesend. Vor dem Hintergrund der ästhetischen Avantgarde zu Beginn dieses Jahrhunderts können also die von Bataille geschilderten ekstatischen Erfahrungen der Grenzüberschreitung (und die damit verbundenen Erfahrungen von Auflösung, Zerstörung, Gewalt und Tod) als utopische Erfahrungen interpretiert werden. Zumindest auf der Ebene der Zuständlichkeit eines einzelnen Individuums macht sich durch die ästhetische Erfahrung von Grenzüberschreitungen eine utopische Dimension bemerkbar.

Bataille bezieht seine Beschreibung (utopischer) ekstatischer Überschreitungen jedoch nicht ausschließlich auf die Zuständlichkeit oder Befindlichkeit eines einzelnen Individuums. Darüber hinaus versucht er nämlich – ausgehend von den dort gemachten Beobachtungen –, eine allgemeine Theorie der Kommunikation zu entwickeln. Hier manifestiert sich das utopische

Potential seiner Theorie u.U. auf leichter nachvollziehbare Weise als auf der Ebene rein subjektiver, idiosynkratischer Erfahrungen.[8] Insbesondere in erotischen oder sexuellen Erfahrungen, aber auch in (»chaotischen«) Ausnahmezuständen, die beispielsweise während eines Festes entstehen können, zeigt sich deutlich die kommunikative Dimension der Grenzüberschreitung.

Bereits in der sexuellen Erregung kündigt sich eine Grenzüberschreitung an:

»Das Gefühl, ›keinen Grund mehr unter den Füßen zu haben‹, gehört zum Wesen der Erregung. Es manifestiert die Wahrheit, daß in der Lust ein Salto mortale sich ereignet. Das Prinzip des reinen Verlusts kehrt das egoistische Streben nach Lust-Gewinn um: eine ›ersehnte Ohnmacht‹ zielt auf den ›Tod im Selbst‹, will sagen auf die Verabschiedung jeder Absicht und ego-bezogenen Gewinnerwartung zugunsten des radikal ausgefüllten Augenblicks, der verschwenderischen Verausgabung der Kräfte, ›ohne sich der Sorge unterzuordnen‹, die in die Zukunft sieht und die Selbsterhaltung verlangt.«[9]

Nicht selten wird die sexuelle Erregung auch durch Entblößung und Nacktheit des begehrten Objekts, d.h. durch Auflösung und Zerstörung bis dahin eingehaltener Grenzen, eingeleitet. Weit intensiver ist aber die gewaltsam erfahrene Grenzüberschreitung während der sexuellen Vereinigung.[10] Zumindest in »günstigen Situationen« vermeinen beide Partner im Geschlechtsakt »in einen Lebensstrom, der keines der individuellen Iche mehr gesondert in sich enthält, der aber ebensowenig ein sich auf beiderseitige Ich-gegebenheit aufbauendes Wir-bewußtsein darstellt, zurückzutauchen«[11]. Für Bataille ereignet sich in der sexuellen Vereinigung eine von jeder sprachlichen Kommunikation verschiedene, bei weitem tiefergehende Kommunikation, die über die Auflösung der sonst eingehaltenen Körpergrenzen vermittelt ist. »Kommunikation im Sinne Batailles gibt es nicht zwischen geschlossenen, substantiellen, erfüllten Wesen, sondern nur als stets zweideutiges Vereinen der Öffnungen, Lücken, Verluste.«[12] In den mannigfaltigen Formen der Erotik und Sexualität wird daher »immer nur versucht [...], die Vereinzelung des Wesens, seine Diskontinuität durch ein Gefühl tiefer Kontinuität zu ersetzen« (E, 18). Aufgrund dieser Auflösung und Zerstörung der Diskontinuität stellen Erotik und Sexualität für Bataille in letzter Konsequenz ein »Jasagen zum Leben bis in den Tod« (E, 13) hinein dar.

Eine zeitweilige Auflösung und Unterbrechung der alltäglichen, diskontinuierlichen Welt zugunsten gemeinsam erfahrener, kollektiver Entfesselungen geschieht aber auch in Ausnahmezuständen von Festen, die nicht selten mit sexuellen Ausschweifungen einhergehen. Bereits in Victor Turners Analyse von Ritualen wurde der kommunikative Aspekt von Entgrenzungen während der sogenannten Schwellenphase deutlich. Im Zentrum der Liminalität standen für Turner die Erfahrungen von Solidarität, Gemeinschaft und Communitas, die er phänomenologisch mit Hilfe von Martin Bubers dialogischem Prinzips des Ich-Du-Verhältnisses zu explizieren versuchte. Bataille bezieht sich in diesem Zusammenhang allerdings auf die Untersuchungen seines langjährigen Mitarbeiters und Mitstreiters Roger Caillois, der in der Schrift *Der Mensch und das Heilige* (1939) eine Theorie des (archaischen) Festes entwickelte. Diese zeichnen sich durch ihren »totalitären« Charakter aus, d. h. alle Mitglieder einer Stammesgesellschaft nehmen an ihnen teil, keiner steht als distanzierter Beobachter außerhalb der Festereignisse. Die festlichen Perioden der Freizügigkeit und Maßlosigkeit brechen das Prinzip der Individuation auf; sie rufen einen unpersönlichen Zustand der Andersartigkeit hervor, der das Ganze des Sozialen, der Welt, ja der Zeit umfaßt. Auch Feste führen damit zu einem »Gefühl tiefer Kontinuität« (E, 18). »Feste sind in der Tat eine Explosion [...]; sie bedeuten aufwühlende Frenesie gegenüber täglicher Wiederholung stets gleichbleibender materieller Beschäftigungen; sie sind der kraftvolle Atem allgemeinen Überschwangs angesichts geruhsamer Tätigkeit, wo jeder seiner Pflicht nachgeht; sie sind Konzentration, die der Zersplitterung der Gesellschaft Einhalt gebietet, sind das Fieber ihrer Kulminationspunkte innerhalb stiller, mühevoller Arbeit in den monotonen Phasen des Lebens.« [13]

Die sich sowohl in sexuellen Erfahrungen als auch bei Festen ereignenden Entgrenzungen stellen für Bataille paradigmatische Ausprägungen einer im emphatischen Sinne gelungenen Kommunikation dar. Sie ermöglichen sowohl eine echte Verständigung zwischen den ansonsten voneinander isolierten Menschen als auch eine vollkommene Vereinigung der Menschen mit ihrer gesamten Welt und Natur. Im Rahmen einer allgemeinen Theorie der Kommunikation unterscheidet Bataille daher eine »starke« Form der Kommunikation, die sich in den geschilderten ekstatischen Erfahrungen der Grenzüberschreitung manifestiert, von einer »schwachen« Ausprägung der Kommunikation, die vor allem durch die Sprache der alltäglichen Lebenswelt erfolgt. »Die gewöhnliche Tätigkeit der Menschen – was wir unsere ›Beschäftigung‹ nennen – trennt sie von den außerordentlichen Augenblicken der starken Kommunikation, die aus den Gemütserregungen der Sinnlichkeit und der Feste, aus dramatischen Begebenheiten, aus Liebe, Trennung und Tod erwachsen.« (LB, 181) Im Gegensatz zu der »starken« Form der Kommunikation führt die »schwache« Form der (sprachlichen) Kommunikation nicht zu der von Bataille intendierten Verständigung im emphatischen Sinne. Innerhalb der – gerade durch die Sprache konstituierten – diskontinuierlichen Welt der Differenzen erscheint der andere als ein unergründliches, unhintergehbares, transzendentes Wesen, das sich bereits durch seine bloße Anwesenheit einer Besitzergreifung und Bemächtigung entgegenstellt.

Emmanuel Lévinas arbeitet in seiner »Philosophie des Anderen«, in der er wesentliche Motive Batailles aufnimmt[14], diese Unerreichbarkeit und Fremdheit des anderen gerade in den kommunikativen Formen der Rede und des Gesprächs heraus. »Der Selbe und der Andere, die miteinander sprechen, grenzen nicht aneinander, verschmelzen nicht zu einem Ganzen, sondern verharren in ihrem Selbstand. Ja, das Gespräch setzt den Abstand zwischen mir und meinem Gesprächspartner voraus; es hält uns beide getrennt.«[15] Das Gespräch kann »den Egozentrismus der Existenz, in der es verwurzelt ist, nicht gänzlich verleugnen. Wenn ich aus mir heraustrete und das Wort an den Anderen richte, dann erkenne ich dem Anderen das Recht auf Egoismus zu und strebe danach, mich selbst zu rechtfertigen.«[16] Diese mit einer »Apologie« der jeweiligen Individualitäten einhergehenden Situationen sprachlicher Kommunikation vertiefen also u.U. erst den Graben zwischen den Kommunizierenden.

Lévinas analysiert sprachliche Kommunikationen allerdings auch unter dem Blickwinkel riskanter Entgrenzungen. Kommunikationen finden nur dann statt, wenn die daran Beteiligten sich bis zu einem gewissen Maße selbst aufs Spiel setzen und auf ihre eigene Unversehrtheit in bewußter Weise verzichten. »Wenn ich mit ihm [dem Anderen] sprechen will, bin ich bereit, mich ihm auszusetzen. Denn dadurch, daß ich das Wort an den Anderen richte, ›eröffne ich mich ihm‹ und stelle mich dadurch bloß. Die Kommunikation hängt somit nicht ausschließlich von den Inhalten ab, die mitgeteilt werden sollen. Sie wird durch das Sichbloßstellen dessen, der das Wort ergreift, der die Gefahr der Kränkung und Verletzung in Kauf nimmt, ermöglicht.«[17] Für Lévinas wird damit bereits in der sprachlichen Kommunikation selbst eine wenn auch relativ schwache Grenzüberschreitung in Form einer Auflösung und Zerstörung der jeweiligen Ich-Grenzen erfahrbar. »Wenn aber das Subjekt des Sagens sich – im wörtlichen Sinne –

›aus-drückt‹, d.h. sich vorbehaltlos dem anderen eröffnet, dann besitzt es keine Innerlichkeit mehr. Sein Innerstes befindet sich jetzt draußen, da es für den Anderen ist. M.a.W. das Subjekt des aufrichtigen Sprechens sendet keine Zeichen aus, es wird vielmehr selbst zu einem Zeichen für den Anderen.« [18]

In einem wesentlichen Punkt stimmen also Bataille und Lévinas überein: Beide schildern das Erlebnis oder die Erfahrung der Kommunikation als eine (zeitweilige) Erlösung und Befreiung des Individuums aus seiner diskontinuierlichen, isolierten Existenzweise. Während des Zeitpunktes gelungener Kommunikation verliert das Individuum seine bis dahin behauptete Eigenständigkeit und taucht gleichsam in einen qualitativ völlig verschiedenartigen Seinsbereich (der Verständigung, der Verbundenheit, der Harmonie oder der Kontinuität) ein. »Wenn eine Kommunikation erfolgt, so verwandelt sich die Person, an die sie sich richtet, teilweise und für diesen Augenblick selbst in Kommunikation (die Veränderung ist weder vollständig noch dauerhaft, aber sie findet statt, sonst gäbe es keine Kommunikation); jedenfalls ist die Kommunikation das Gegenteil des Dings, das durch seine Isolierbarkeit gekennzeichnet ist.« (LB, 169)

Die von Bataille beschriebenen Erfahrungen der Grenzüberschreitung, die sich sowohl auf einer subjektiven als auch auf einer intersubjektiven Ebene manifestieren, garantieren also dem einzelnen wie u.U. auch einer Gesellschaft oder bestimmten Gruppen innerhalb einer Gesellschaft tiefgehende Erfahrungen von Harmonie, Einheit und völliger Übereinstimmung letztlich mit der gesamten Welt und der Natur. Damit eine solche, in einem emphatischen Sinne verstandene, echte Form der Kommunikation zwischen den voneinander isolierten Individuen überhaupt eintreten kann, müssen die hieran Beteiligten zunächst immer einen – oftmals als gewaltsam erfahrenen – Auflösungs- und Transformationsprozeß durchlaufen. Zumindest aus der Sicht der

Ausführungen Batailles besteht somit ein konstitutiver Zusammenhang zwischen den Phänomenen der Gewalt, der Zerstörung und des Verlusts einerseits und der dadurch für Augenblicke realisierbaren echten Verständigung und Kommunikation andererseits. Auflösung, Zerstörung, Gewalt und Tod können daher als Medium der Kommunikation und Verständigung zwischen den vereinzelten Menschen aufgefaßt werden; in einem übertragenen Sinne lassen sie sich sogar als eine Sprachform interpretieren, die weitaus effektiver, aber auch weitaus gefährlicher ist als gewöhnliche Formen der Verständigung. Aus der Perspektive dieser Auffassung von Gewalt und Tod als einer Sprache läßt sich auch die Faszination exakter beschreiben, die von sogenannten sinnlosen Gewalttaten und (in der Regel simulierten) Todeserfahrungen im Rahmen von Entgrenzungserlebnissen ausgehen. Bis zu einem gewissen Grad kann die Attraktivität von Gewalt und Tod auf ihre (in einem emphatischen Sinne verstandene) kommunikative Dimension zurückgeführt werden.

Auf exemplarische Weise soll dieser Zusammenhang von Gewalt und Kommunikation in Entgrenzungserfahrungen anhand der immer dringlicher werdenden Problematik sogenannter sinnloser Gewalthandlungen verdeutlicht werden. Der Vorteil der Theorie Batailles besteht hier darin, daß mit ihr die Aufmerksamkeit auf eine – in bisherigen Diskussionen über Gewalt eher vernachlässigte – Dimension gelenkt werden kann, nämlich auf die unerklärliche, »mysteriöse« Gewaltbereitschaft und Gewaltakzeptanz. Batailles Beschreibung der im Zentrum seiner Theorie stehenden Erfahrung der Grenzüberschreitung schärft dabei das Bewußtsein für die in der Regel nicht eingestandene, immer auch die eigene Person affizierende rauschhafte Seite von Gewalthandlungen. »Gewalt erreicht als körperliche Auseinandersetzung und Bedrohung einen in der Spannung geradezu rauschartigen Zustand. Er ist ein In-der-Situation-Aufgehen. Die Zukunft verschwindet in intensivst erlebter Gegenwart. Körper und Geist werden in vollster Aktivität und Handlungseinheit erfahren.«[19]

Diese Erfahrung von Gewalt als rauschhaftem Erlebnis hebt auch der amerikanische Journalist Bill Buford hervor, der sich mehrere Jahre lang unter englischen Fußballfans und Fußballrowdys, den sogenannten Hooligans, aufhielt. »Ich wollte an die Gewalt nah herankommen – sehr nah, so nah wie irgend möglich –, denn ich dachte, auf diese Weise könnte ich herausfinden, wie sie funktionierte.«[20] Buford, der diese Gewalt nicht nur als distanzierter Beobachter, sondern auch als Täter und Opfer am eigenen Leib erfuhr, interessiert sich nur am Rande für massenpsychologische oder soziologische Theorien oder Erklärungsansätze. Statt dessen versucht er, die Erfahrung von Gewalt als tiefgehendes, positives Erlebnis zu schildern, das seinen Sinn in sich selbst enthält und sich weder auf psychologische noch soziale Ursachen reduzieren läßt. Die Massenpsychologie »erklärte das Warum: unablässig, atemlos, geräuschvoll, als ob das Schrecknis zu verscheuchen wäre, wenn man nur die Gründe dafür laut genug hinausschriee. Aber nur selten erklärte sie das Was: was geschieht, wenn es losgeht; welcher Art der Schrecken ist; wie man sich vorkommt, wenn man daran beteiligt oder sogar der Urheber ist.«[21] Die Attraktivität und Faszination von Gewalt, so Buford, besteht gerade in ihrer quasireligiösen Funktion; Gewalthandlungen bieten den an ihnen Beteiligten rauschhafte, der religiösen wie sexuellen Ekstase vergleichbare Erfahrungen. Sie führen zu kurzen, »mystischen« Glücksmomenten, in denen es dem Individuum gelingt, sich selbst zu transzendieren und mit der Masse, ja mit der gesamten Welt zu verschmelzen. Buford gibt in diesem Zusammenhang die bereits zu Beginn erwähnte Beschreibung:

»Er [der Anführer einer Gruppe von Hooligans] war völlig aus dem Häuschen, schnalzte mit den Fingern, tänzelte, auf der Stelle tretend, hin und her und wiederholte immer wieder den Satz: Es geht los, es geht los. Alle um ihn her waren erregt. Es war eine Erregung, die an etwas Größeres, an ein transzendentes Gefühl grenzte – zumindest Freude, aber eher wohl etwas wie Ekstase. Eine durchdringende Energie ging davon aus; unmöglich, nicht ein wenig davon gepackt zu werden. Neben mir sagte jemand, er sei glücklich, sehr glücklich, er könne sich nicht erinnern, jemals so glücklich gewesen zu sein.«[22]

Buford greift bei der Beschreibung und Analyse der Gewalthandlungen von Hooligans implizit auf eine theoretische Figur zurück, die bereits Bataille verwendete, nämlich auf das Wechselverhältnis von Verbot und (Verbots-)Überschreitung. Wie Bataille beschreibt auch Buford die Erfahrung von Gewalt als Erfahrung einer – immer mit Angst verbundenen – Grenzüberschreitung: »Dort in den Straßen von Tottenham habe ich die Gesichter beobachtet, wie sie sich konzentrierten, wie jeder von Moment zu Moment die Zuversicht, die Erregung oder einfach die emotionale Stärke in sich aufzubauen versuchte, die es ihnen allen erlauben würde, über die hohe Schwelle hinwegzusetzen, die sie von dem trennte, wo sie sein wollten. Die Absicht war, im übertragenen, buchstäblichen, historischen Sinne, eine ›Transgression‹, eine Überschreitung von etwas, was zu überschreiten verboten war.«[23]

Eine durch die Theorie Batailles gestützte Interpretation von Gewalt könnte sich genau auf diese unhintergehbar erscheinende Faszination und Attraktivität von Gewalt konzentrieren, und zwar zunächst mit der Absicht, die »Ökonomie« von Gewalthandlungen herauszuarbeiten, in die alle Mitglieder einer Gesellschaft einbezogen sind. Gegenüber Gewalt und Tod läßt sich niemals eine neutrale Außenperspektive einnehmen oder eine eindeutige Distanz herstellen, so daß der Versuch einer Aufhebung von Gewalt zumindest dann illusorisch ist, wenn er mittels – zum Beispiel moralisch begründeter – Strategien der Ausgrenzung oder Tabuisierung von Gewalt erfolgt.

Auf freilich ein wenig polemische Weise spricht der Exil-Iraner Reza Abdoh, Enfant terrible der zeitgenössischen Theaterwelt, von der »merkwürdige[n] Schizophrenie in der moralischen Beurteilung von Gewalt und Zerstörung. Beide sind mit einem Schild ›Tabu‹ versehen. Das ist aber [...] unglaubwürdig, da der ganze Fortschritt unserer Kultur auf Gewalt und Zerstörung beruht. [...] Wie kann man sagen, daß eine Gewalttat, auf der Straße ausgeübt, unmoralischer sein soll als das Töten von Hunderttausenden von Arabern? [...] Der ganze Sinn des moralischen Arguments scheint darin zu bestehen, den Gewalt- und Zerstörungsakt in eine Verkleidung zu stecken.«[24]

Die Strategien der Ausgrenzung und Tabuisierung von Gewalt entwickeln aber über die ihnen innewohnende Tendenz einer Verschleierung und Dämonisierung von Gewalt und Tod hinaus eine gefährliche Eigendynamik. Wie die Ausführungen Batailles über das Wechselverhältnis von Verbot und Verbotsüberschreitung zeigen, führen diese Strategien durch das absolute Verbot gewaltsamen Handelns nicht selten dazu, daß die Faszination und Attraktivität von Gewalt wiederum gesteigert werden. Somit provozieren diese Strategien gerade die Bereitschaft zu erneuten Gewalthandlungen.

Auf der Grundlage der Theorie Batailles könnte allerdings eine andere, womöglich wirkungsvollere Strategie zur Lösung des Gewaltproblems verfolgt werden. Teilt man mit Bataille die Auffassung »der geschichtlich-gesellschaftlichen Grunderfahrung perennierender gewalttätiger Prozesse, deren Destruktionspotential in den durchrationalisierten Sphären der modernen Gesellschaft verdeckt und verstärkt wird«[25], so bietet sich als (vielleicht einzige) produktive Lösungsstrategie der Versuch an, gewalttätige Prozesse und Handlungen »auf dem Boden menschlicher Gewalterfahrungen selbst«[26] zu entschärfen. Das bedeutet zunächst, daß die Aufmerksamkeit auf die »Allgegenwart von

Gewalt«[27] innerhalb der Gesellschaft gelenkt werden muß. Gewalt ereignet sich nämlich nicht nur in spektakulären, extremen Formen, sondern auf oft unsichtbare Weise bereits innerhalb der »normalen«, alltäglichen Lebenswelt. Eine »Mikrophysik der Gewalt«, die vor allem dieser unscheinbaren Form von Gewalt nachspürt, schärft dabei das Bewußtsein für die in der Regel nicht eingestandene eigene Gewaltakzeptanz und Gewaltbereitschaft, sie weist auf die gerade die eigene Person affizierende und faszinierende Dimension von Gewalt hin. Eine Analyse von Gewalthandlungen, die diese Seite der Gewalt entweder verdrängt oder bewußt – vielleicht aus einem »humanistischen« Impuls heraus – unterschlägt, wird jeglicher Form von Gewalthandlungen verständnis- und fassungslos gegenübertreten und ihr in letzter Konsequenz ohnmächtig ausgeliefert bleiben. Ein solches Verhältnis gegenüber Gewalt und Tod – nicht aber der ausgesparte Phänomenbereich oder seine bloße Thematisierung – wäre dann eine »irrationale« Verhaltensweise.

Die bewußte, illusionslose und bis zu einem gewissen Grad auch unerschrockene Zuwendung zu Gewalt und Tod enthält implizit die Forderung,

»daß wir permanent mit dem Gewaltpotential in uns rechnen und uns niemals der Illusion hingeben, wir seien vor dem Durchbrechen destruktiver Impulse gefeit. [...] Dabei geht es [...] nicht um eine Dämonisierung dieser psychischen Kräfte, sondern einzig darum, daß wir stets hellhörig für diese Dimension in uns bleiben. Auch wenn wir die Gewalt sicher nicht total aus unserer Welt verbannen können, dürfen wir doch davon ausgehen, daß wir das Aggressionspotential in uns, wenn wir es wirklich ernst nehmen und es weder ängstlich aus unserem Erleben ausblenden noch bagatellisierend darüber hinweggehen, zumindest zu großen Teilen in konstruktive Bahnen lenken können.«[28]

Innerhalb einer Gesellschaft sollte also nach Möglichkeiten gesucht werden, die es einzelnen Mitgliedern oder Gruppen einer Gesellschaft erlauben, die (unhintergehbare) Gewalt auf eine für die Gesellschaft weniger gefahrvolle Weise auszuüben. Erste Ansatzpunkte für eine solche konstruktive Kanalisierung oder »Ableitung« von Gewalt könnten hier die – oftmals mit gewaltsamen Handlungen einhergehenden – rituellen Praktiken archaischer Gesellschaften darstellen, durch die Gewalt und Tod in eine Gesellschaft auf eine mehr oder weniger sinnvolle Weise integriert werden. Eine im wörtlichen Sinne verstandene Rückkehr zu rituellen Praktiken von Stammesgesellschaften ist für moderne, hochkomplexe Gesellschaften sicherlich ausgeschlossen; dennoch können sie bei den dringlich gebotenen Versuchen, rationalere, verantwortlichere Strategien des Umgangs mit (und des Abbaus von) Gewalt zu entwickeln, eine möglicherweise unverzichtbare Hilfestellung leisten.

Gerade im Zusammenhang der Gewaltproblematik und ihrer möglichen Verarbeitung wird so die Fruchtbarkeit des theoretischen Ansatzes Georges Batailles sichtbar. Zwar ist es für Bataille auf der einen Seite zunächst unmöglich, gesellschaftliche und kulturelle Prozesse zu transzendieren, so daß auch zu Gewalt und Tod keine unabhängige Außenperspektive einnehmbar ist. Auf der anderen Seite impliziert dies aber nicht, daß eine Gesellschaft und ihre Mitglieder durch letztlich undurchschaubare Prozesse vollkommen determiniert und beispielsweise der sich in ihr ereignenden Gewalt hilflos ausgeliefert wären. Gerade die kulturelle Einbindung in eine Gesellschaft ermöglicht immer auch eine aktive Teilnahme an diesen Prozessen, und an der Bestimmung der Art und Weise, wie mit diesen Prozessen (z.B. mit Gewalt und Tod) umgegangen werden kann. Damit eröffnet die Theorie Batailles einen nicht zu unterschätzenden Handlungsspielraum.

6. Entmachtung des Subjekts: Bataille und die »Postmoderne«

»Welchen besonderen Namen gibt man denn einer allgemeinen Wissenschaft, die sich nicht auf einen Bereich beschränkt, vielmehr eine Universalanalyse so anstellt, daß sie uns auf allen Wissensgebieten zu den einfachsten, den elementarsten Ideen zurückführt und auch die Gesetze ihrer Verbindung, Kombination, Ersetzung, Wiederholung, ja gar – prinzipielle Schwierigkeit! – ihrer Erzeugung bestimmt? Ist diese allgemeine Wissenschaft dann wirklich eine Metaphysik?«[1] Diese Fragen, die Derrida zu Beginn einer Auseinandersetzung mit Condillac stellt, lassen – wenn auch auf indirekte Weise – die nicht unerheblichen Schwierigkeiten hervortreten, die sich einer sachgemäßen Explikation und Rekonstruktion des theoretischen Ansatzes Batailles entgegenstellen und möglicherweise eine erste Lektüre seiner theoretischen und literarischen Schriften erschweren.

In »Der verfemte Teil«, seiner systematischen Hauptschrift zur Allgemeinen Ökonomie, versucht Bataille, dem von ihm entdeckten Phänomen überschüssiger »kosmischer« Energiebewegungen, die sich in Form von Verlusten und Zerstörungen äußern, eine allgemeine, »ökonomische« Gesetzmäßigkeit zu verleihen. Mit einer solchen allgemeinen Darstellung ökonomischer Prozesse verbindet sich für ihn nicht nur die Forderung, »eine methodische Beschreibung aller Aspekte des Lebens« (VT, 39) durchzuführen, gleichzeitig offenbart sie die begrenzte Reichweite sämtlicher wissenschaftlicher wie außerwissenschaftlicher Erklärungs- oder Beschreibungsversuche.

Die eigentliche Schwierigkeit, der sich die Interpreten der Allgemeinen Ökonomie Batailles gegenübersehen, besteht aber darin, daß Batailles an physikalistisch-mechanistische oder biologistische Modelle erinnernde Redeweise von Energie, Abfuhr, Spannung oder Kraft, insbesondere aber seine Verwendung dieser Begriffe im Rahmen einer »Totalperspektive des Lebens« dazu (ver-)führen können, die Allgemeine Ökonomie Batailles unter das Verdikt eines »im schlechten Sinne metaphysischen Weltbildes«[2] zu stellen. Unter der Voraussetzung eines »nachmetaphysischen Denkens« besitzt ein solches Urteil zunächst eine gewisse Plausibilität. Genau besehen trifft jedoch der Metaphysikverdacht nicht den Kern der Theorie bzw. des Ökonomieverständnisses Batailles. Sein Werk kann nämlich selbst als unablässiger Versuch interpretiert werden, aus den metaphysischen oder ontologischen Modellen der Tradition, aus der Subjektphilosophie herauszufinden. Batailles Rekurs auf sogenannte energetisch-ökonomische Modelle bietet in diesem Zusammenhang den Vorteil, die Dichotomie von Subjekt und Objekt insoweit zu schließen, als durch die allgemeine, integrative Fassung der Ökonomie keiner der beiden Seiten mehr ein Vorrang eingeräumt werden kann.

Für Peter Sloterdijk ist es gerade das Kennzeichen postmetaphysischen Denkens, »bei der Abkehr vom alteuropäischen metaphysischen Vokabular auf Begriffe zurückzugreifen, deren plump physikalistischer oder altmodisch vitalistischer Unterton niemandem entgeht. [...] Es kommt darauf an, in den alten physikalistischen Energiebegriffen einen Überschuß an Gestalt-, Struktur- und Informationsmomenten mitzudenken, also das, was traditionell auf die Geist-Seite des metaphysischen Dualismus fiel, nun in einen Materie-, Prozeß- und Textbegriff postmetaphysischen Typs einzuschließen.«[3]

Auf der einen Seite bedeutet dies für das »Subjekt«, daß es

nicht nur seine bisherige Vormachtstellung einbüßt, sondern darüber hinaus keine unabhängige Außenperspektive (z.B. gerade auf ökonomische Prozesse) mehr einnehmen kann, also selbst in einem pragmatischen Sinne immer in diese ökonomischen Prozesse eingeschrieben bleibt: »Wenn wir alle den Gesetzen und Forderungen der Ökonomie unterworfen sind, dann heißt es nicht, daß wir diese Gesetze erfahren können, indem wir uns von den ökonomischen Zwängen distanzieren und sie von außen betrachten. Eine solche distanzierte Sichtweise ist uns nicht gegeben. Die einzige Möglichkeit, die Ökonomie zu verstehen, besteht darin, aktiv an ihr teilzunehmen. Nur indem wir innovativ im Sinne der ökonomischen Forderungen agieren, erfahren wir, worin diese Forderungen bestehen.«[4]

Die Möglichkeit einer aktiven Teilnahme an ökonomischen Prozessen in einer pragmatischen Hinsicht gewährleistet aber auf der anderen Seite auch, daß die »Objektseite« nicht so weit aufgewertet wird, daß alle subjektiven, symbolischen oder kulturellen Manifestationen einem unhintergehbaren Determinismus oder Reduktionismus anheimfielen und dadurch letztlich zu Epiphänomenen degradiert würden: »Die Kultur ist wegen ihrer Dynamik und Innovationsfähigkeit der Wirkungsbereich der ökonomischen Logik par excellence. In diesem Sinne stellt die Berufung auf diese Logik keine reduktionistische Interpretation der Kultur dar. Denn die Kultur wird damit nicht etwa als ein Überbau, als ein äußerer Ausdruck der verdeckten ökonomischen Notwendigkeit verstanden [...]. Die ökonomische Logik manifestiert sich auch und speziell genug in der kulturellen Logik. Deswegen ist die Kultur genauso unverzichtbar wie die Ökonomie selbst.«[5] Unter dieser integrativen, »kulturökonomischen« Perspektive (Boris Groys) läßt sich also Batailles Allgemeine Ökonomie nicht nur von einem voreilig getroffenen Metaphysikverdacht befreien, darüber hinaus eignet sie sich auch dazu, der metaphysischen Tradition gerade mit Hilfe metaphysisch konnotierter Begriffe zu entkommen.

Eine weitere, grundsätzliche Schwierigkeit einer angemessenen Rezeption der Batailleschen Schriften besteht darin, daß sich Bataille letztlich auf eine innere, idiosynkratische Erfahrung bezieht, die mit den Mitteln der Sprache nicht mehr auf adäquate Weise dargestellt werden kann: »Die unversöhnlichsten Regungen des Seins – des maßlosen Exzesses – können nicht in der kohärenten Entwicklung eines Diskurses erfaßt werden.« (E, 283) Bataille kann nur auf allgemeine oder indirekte Weise über das entdeckte Prinzip einer permanenten Auflösung und Zerstörung sprechen. »Die Sprache versagt, weil die Sprache aus Sätzen besteht, die Identitäten auftreten lassen.« (DP, 350) Daher muß er eine Sprachform ausbilden, die das Prinzip der Zerstörung nicht objektivierend von außen beschreibt, sondern in seiner Bewegung, in seiner Wirkungsweise »ins Werk setzt«. Eine solche adäquate Repräsentation von innen her führt jedoch in letzter Konsequenz dazu, daß auch die Sprache selbst der Bewegung der Auflösung und Zerstörung ausgesetzt werden muß.

Bereits Jean-Paul Sartre hat – wenn auch in kritischer Absicht – diese sich selbst auflösende Bewegung der Batailleschen Sprache in »Ein neuer Mystiker« (1943), einer ausführlichen Besprechung von Batailles Schrift *L'Expérience intérieure*, genau erkannt: Sie enthält gleitende,

»›glitschige Sätze‹ [...], glitschige, seifige Bretter, von denen wir plötzlich ins Unaussprechliche stürzen [...]. Neben Worten, die etwas bedeuten – und trotz allem für ein Verständnis unentbehrlich sind –, schaltet er Worte ein, die etwas andeuten – Worte wie Gelächter, Qual, Agonie, Riß, Dichtung usw., die er von ihrer ursprünglichen Bedeutung abbringt, um ihnen allmählich eine magische Beschwörungskraft zu verleihen. Diese verschiedenen Verfahren führen dazu, daß Batailles ureigenste Gedanken – oder Gefühle – vollständig in jedem seiner ›Gedanken‹ enthalten sind.«[6]

Insoweit also die sprachliche Artikulation mit ihrer eigenen Auflösung und Zerstörung zusammenfällt, erreicht Bataille den Standpunkt eines entfesselten, »rückhaltlosen Hegelianismus«[7], den Standpunkt einer absoluten Immanenz, der keine (partikulare) Außenperspektive, keine Möglichkeit der Trennung und Distanzierung mehr zuläßt. Durch diese »äußerste Gedankenfreiheit [...], die die Begriffe mit der Bewegungsfreiheit der Welt gleichsetzt« (VT, 37) entmachtet Bataille Denken und Sprache und schreibt sie in die offene, sich permanent wandelnde Struktur einer Allgemeinen Ökonomie der Verschwendung und Zerstörung ein. Das bedeutet in letzter Konsequenz, daß auch die eigene Reflexion dieses allgemeinen Phänomens den vorausgesetzten energetischen Prozessen nicht zu entgehen vermag; auch Denken und Sprache folgen grundsätzlich der offenen, sich ständig wandelnden Struktur einer Allgemeinen Ökonomie der Verschwendung und Zerstörung:

»Es ist gewiß gefährlich, wenn man die kalte wissenschaftliche Forschung bis zu einem Punkt treibt, wo ihr Gegenstand einen nicht mehr gleichgültig läßt, sondern einen vielmehr versengt. Das Sieden, das ich untersuche und das den Erdball bewegt, ist auch mein Sieden. So kann das Objekt meiner Untersuchung nicht mehr vom Subjekt geschieden werden, genauer noch: vom Subjekt auf seinem Siedepunkt.« (VT, 36) »Muß ich sagen, daß ich unter diesen Umständen manchmal nur der Wahrheit meines Buches entsprechen und nicht weiterschreiben konnte?« (VT, 37)

Die in der Batailleschen Erfahrung der Grenzüberschreitung implizierte Entmachtung oder Dezentrierung des Subjekts führt damit nicht nur zu einer Annäherung von theoretischer Reflexion und literarischer Schreibpraxis, darüber hinaus eröffnet sie für die Theoriebildung neue Denk- und Ausdrucksmöglichkeiten, deren Sprengkraft von sogenannten postmodernen Autoren u. a. in der Nachfolge Batailles konsequent genutzt werden. Obwohl das

Werk Batailles zumindest im deutschsprachigen Raum auf breiter Ebene bisher nicht rezipiert wurde [8], stellt es somit für postmoderne (d. h. poststrukturalistische bzw. dekonstruktionistische) Theoriebildungen eine wesentliche Einflußgröße dar.

Bevor allerdings die Schriften Batailles im französischen Sprachraum zu Beginn der sechziger Jahre durch die Vertreter der damaligen philosophischen Avantgarde im Umkreis des Strukturalismus intensiv rezipiert werden [9], verhindert zunächst André Bretons und Jean-Paul Sartres entstellende, zum Teil auf polemische Weise geführte Auseinandersetzung mit den theoretischen und literarischen Versuchen Batailles ihre sachgerechte Aufnahme und Diskussion. Bataille gerät dadurch von vornherein ins Abseits der intellektuellen Öffentlichkeit Frankreichs und findet am Anfang größere Aufmerksamkeit lediglich als »Mystiker der Ausschweifung« [10], als Autor obszöner, pornographischer Erzählungen und Romane in der Nachfolge des Marquis de Sade.

Obwohl Sartre die sich selbst auflösende Bewegung des Batailleschen Ansatzes (und der von Bataille verwendeten Sprache) deutlich zu erkennen scheint und sich darüber hinaus gewisse Übereinstimmungen mit seinem eigenen theoretischen Ansatz der sich in das Nichts (zu) entwerfenden Existenz zeigen [11], kann er dem radikalen Impuls der Batailleschen Erfahrung der Grenzüberschreitung in letzter Konsequenz nicht folgen. Die mit der Grenzüberschreitung implizierte Entmachtung von Denken und Sprache interpretiert Sartre daher als widersprüchliche, ja unaufrichtige Vermischung von theoretischer Reflexion und persönlicher Erfahrung: »Die Widersprüche, die er in dessen Text ausmacht zwischen der Außenperspektive des Wissenschaftlers und der Innenperspektive des Erlebenden, zwischen dem Willen zur Selbstbejahung und dem Willen zur Selbsterniedrigung, diese Widersprüche sind für Sartre Ausdruck einer leidenschaftlich besetzten Unentschiedenheit.« [12] Folgerichtig rechnet Sartre die von Bataille thematisierte und literarisch ins Werk gesetzte Erfahrung der Grenzüberschreitung ausschließlich der Privatperson Georges Bataille zu: »Wer ist Träger dieser Erfahrung? Sartre gibt auf diese Frage eine nüchterne Antwort: ein gewisser Herr Bataille, Bibliothekar an der Bibliothèque Nationale.« [13]

An Batailles berufliche, »bürgerliche« Existenz als Bibliothekar knüpft bereits 1930 Bretons Bataille vor allem als Person verunglimpfende Kritik im »Zweiten Manifest des Surrealismus« (1930) an. Breton geht in diesem Zusammenhang so weit, Bataille, der sich zu dieser Zeit zusammen mit anderen Surrealisten von Breton und der surrealistischen Bewegung distanzierte, als im Grunde perversen Bibliothekar zu kompromittieren. Im Unterschied zu de Sade erscheint Batailles »Vorliebe« für obszöne Formen der Sexualität als Ausdruck einer krankhaften psychischen Disposition, so daß Batailles schriftstellerische Intention »im Nu ihre außergewöhnliche Wirkung verliert, sobald sie nicht von einem Mann vollzogen wird, der siebenundzwanzig Jahre seines Lebens für seine Ideen im Gefängnis verbracht hat, sondern von einem, der in Bibliotheken ›sitzt‹« [14]. »Er, der tagsüber seine vorsichtigen Bibliothekars-Finger über alte, oft reizvolle Manuskripte gleiten läßt [...], er weidet sich des Nachts an dem Unrat, mit dem er sie gern beladen sehen möchte.« [15]

Ausgerechnet das, was Sartre auf verzerrende und Breton auf polemische Weise an Bataille kritisiert hatten, erhält nun in Michel Foucaults Aufsatz »Vorrede zur Überschreitung«, der 1963 anläßlich des Todes Batailles in einer Sondernummer der Zeitschrift »Critique« erschien [16], eine positive Wendung. Im Anschluß an Nietzsche und den späten Heidegger [17] entwickelt Foucault gegen den zu dieser Zeit dominierenden Existentialismus (insbesondere in der Sartreschen Version) eine Interpretation des Batailleschen Werkes, in deren Zentrum Batailles idiosynkratische, innere Erfahrung erotischer Grenzüberschreitungen steht. Folgt man mit Bataille und Foucault auf erkenntnistheoretisch konsequente Weise Nietzsches Satz »Gott ist tot«, so verliert der Mensch nicht nur den bis dahin durch Gott garantierten »archimedischen Punkt«, von dem aus er sich seiner Welt – und einer ihm darin eindeutig zugewiesenen Stelle – versichern konnte. Es verschwindet von nun an auch jede Möglichkeit einer (metaphysischen) Orientierung, so daß die bislang hierarchisch und übersichtlich geordnete Welt gleichsam in sich selbst zusammenfällt und der Mensch vollständig in die Immanenz elementarer materieller Kräfteverhältnisse eingeschlossen wird. Die Grenze, die dem Menschen vor dem Tod Gottes durch die Unendlichkeit und Transzendenz Gottes gezogen wurde, erfährt dadurch eine entscheidende Verschiebung: Sie löst sich nicht etwa endgültig auf, vielmehr findet sie sich in den Menschen selbst hineinverlegt. Gerade in der radikalen Erfahrung seiner eigenen Endlichkeit entdeckt der Mensch in sich selbst die bisher nur Gott zugesprochene Unbegrenztheit und Unendlichkeit. Endlichkeit und Unendlichkeit fallen zusammen und öffnen einen sich explosionsartig ausbreitenden Erfahrungsraum, der sich für Foucault paradigmatisch in der Batailleschen Erfahrung der Grenzüberschreitung manifestiert, die den Menschen in der »übermenschlichen«, »souveränen« Erfahrung seiner eigenen Auflösung und Zerstörung in das innere Spiel materieller Kräftekonstellationen einschreibt. »Der Tod Gottes, der unserer Existenz die Grenze des Unbegrenzten nimmt, führt sie zu einer Erfahrung zurück, in welcher nichts mehr die Äußerlichkeit des Seins ankündigen kann, also zu einer inneren und souveränen Erfahrung. Aber eine solche Erfahrung, in welcher der Tod Gottes aufblitzt, entdeckt als ihr Geheimnis und Licht ihre eigene Endlichkeit, die unbegrenzte Herrschaft der Grenze, die Leere der Befreiung, in die sie fällt und in der sie fehlt.«[18]

Bei der von Bataille theoretisch und literarisch ins Werk gesetzten Erfahrung der Grenzüberschreitung interessiert Foucault vor allem der sich durch die Auflösung und Zerstörung des Menschen eröffnende Denk- und Erfahrungsraum jenseits des Subjekts, den er unter anderem im Anschluß an Bataille [19] in seinen Schriften der sechziger Jahre auszuschreiten beginnt. Die in der Batailleschen Grenzüberschreitung vorgebildete konsequente Entmachtung und »Brechung des philosophischen Subjekts« [20] verbindet Foucault mit Martin Heideggers denkender und dichtender Befreiung der Sprache aus der »Herrschaft der neuzeitlichen Metaphysik der Subjektivität«. [21] Da der Mensch mit dem Tod Gottes jede Möglichkeit verliert, sich in einer übersichtlich geordneten Welt zu orientieren, ist er in letzter Konsequenz auch nicht mehr in der Lage, sein eigenes Sprechen zu kontrollieren oder gar selbst hervorzubringen. Die Sprache ist daher für Foucault und Heidegger nicht mehr die Sprache des Menschen, im Gegenteil: Der Mensch wird zu einer Wirkung, einem Effekt der Sprache, die ihn – wenn überhaupt – in sich ständig verändernde Felder oder Positionen einschreibt. Damit kommt die Sprache gleichsam zu sich selbst. Der Mensch muß erkennen, »daß er das Ganze seines Sprechens nicht wie ein geheimer und alles-sprechender Gott bewohnt; er entdeckt, daß es neben ihm eine Sprache gibt, die spricht und derer er nicht Herr ist [...]. Und vor allem entdeckt er, daß er im Augenblick des Sprechens nicht immer gleich in seiner Sprache beheimatet ist und daß sich an der Stelle des sprechenden Subjekts der Philosophie [...] eine Leere aufgetan hat, in der sich eine Vielfalt von sprechenden Subjekten verbindet und auflöst, kombiniert und ausschließt.« [22]

An dieser erkenntnistheoretischen und sprachtheoretischen Disposition orientiert sich Foucault zunächst in seinen theoretischen Arbeiten der sechziger Jahre, in denen er versucht, spezifische, geschichtlich hervorgetretene und hervortretende Diskursformationen – d.h. heterogene Felder zerstreuter Aussagebeziehungen – mit Hilfe einer »archäologischen« Methode zu rekonstruieren, die dem Phänomen des Subjekts immer schon vorausgehen und innerhalb derer sich das Subjekt jeweils erst herausdifferenziert. In der methodologischen Schrift *Archäologie des Wissens* (1969) erscheint das Subjekt lediglich als Epiphänomen, als Wirkung, als bloßer Effekt. Die scheinbare Selbstgewißheit des Fühlens, Denkens, Wollens führt Foucault nicht auf das Subjekt selbst zurück, sondern auf einen in der Regel undurchschauten, unbewußten Mechanismus der Sprache, so daß das Subjekt einer Aussage daher nicht als Autor der Formulierung einer Aussage verstanden werden kann.[23] Diese Tatsache des sich in der Sprache permanent verschiebenden Subjekts[24] ist für Foucault »absolut allgemein, insoweit das Subjekt der Aussage eine determinierte Funktion ist, die aber nicht notwendig bei einer Aussage wie der anderen dieselbe ist; insoweit es eine leere Funktion ist, die bis zu einem bestimmten Punkt von indifferenten Individuen gefüllt werden kann, wenn sie die Aussage formulieren; insoweit ein einziges Individuum nach und nach in einer Folge von Äußerungen verschiedene Positionen und die Rolle verschiedener Subjekte einnehmen kann«[25].

Folgt man Foucaults radikaler Verabschiedung des (philosophischen) Subjekts bis in ihre letzten Konsequenzen, so verbietet sich zwangsläufig jede (Rest-)Form einer substantiellen Fassung der Subjektivität. Auch die sich möglicherweise spontan einstellende Vorstellung von mannigfaltigen, (wenn auch nur für kurze Augenblicke) in sich einheitlichen subjektiven Substanzen, die sich eindeutig voneinander abgrenzen lassen, ist in den Augen Foucaults insofern irreführend, als auch diese – u.U. noch so kleinen – Substanzen als letztlich diskontinuierlich aufgewiesen werden können. Das Prinzip der Diskontinuität verläuft noch durch diese subjektiven Substanzen selbst hindurch, so daß sich Foucault immer vor der Gefahr schützen muß, die Perspektivität und Pluralität zu ontologisieren und dadurch wiederum in eine metaphysische Position zurückzufallen. »Es handelt sich dabei ja nicht um die Aufeinanderfolge der Augenblicke der Zeit und nicht um die Vielzahl der verschiedenen denkenden Subjekte. Es handelt sich um die Zäsuren, die den Augenblick zersplittern und das Subjekt in eine Vielzahl möglicher Positionen und Funktionen zerreißen. Eine solche Diskontinuität trifft und zersetzt auch noch die kleinsten Einheiten, die immer anerkannt worden sind und nur schwer zu bestreiten sind: den Augenblick und das Subjekt.«[26]

Foucaults u. a. an der Batailleschen Erfahrung der Grenzüberschreitung entwickelte Strategie der Auflösung jeglicher substantieller Einheiten[27] führt damit geradewegs zu einer Auflösung und Zersplitterung der Subjektivität, zu dem vor einigen Jahren heftig diskutierten »Tod des Subjekts«. Ein Individuum kann sich folglich in seiner Lebenswelt nicht mehr verorten, es kann sich nicht mehr als Mittelpunkt begreifen, von dem aus es seine Beziehungen, Interaktionen und Handlungen steuern könnte. Insofern es seine Innenwelt nicht mehr eindeutig von seiner Außenwelt unterscheiden kann, verliert es seine Autonomie und Selbständigkeit und wird zu einer »unerschöpfliche[n] Quadratur der Ich-Prüfungen«[28] getrieben. Mit einer solchen radikalen pluralistischen oder postmodernen Fassung der sich permanent auflösenden Subjektivität scheint nun aber gerade die von Bataille beschriebene Grenzüberschreitung, die als »mystische«, ja »utopische« Erfahrung den einzelnen wieder in die Kontinuität des Seins einführen soll, nicht mehr vereinbar zu sein. »Der postmoderne Mensch nimmt lediglich Trennungen vor; Fragmente sind angeblich das einzige, dem er noch vertraut. Seine tiefste Verachtung gilt jeglicher ›Totalisierung‹, jeglicher Synthese, sei sie sozialer, kognitiver oder sogar ästhetischer Art.«[29]

Vor dem Hintergrund der Postmoderne könnte also die Bataillesche Erfahrung der Grenzüberschreitung, die mit der Erfahrung von Kontinuität, Ganzheit und Totalität einhergeht, als nach wie vor romantische Erfahrung relativiert werden. Es sieht so aus, als ob »die eigentliche Hoffnung doch noch einmal anderswohin zielt. Sie gilt der Einheit. Und diese Einheit kommt: als Inzest, als Verschmelzung, als Mystik, als anderer Zustand – wenn auch voller Gebrochenheit. So endet, was zur Postmoderne führen könnte, doch wieder – aber schon äußerst mühsam, immer wieder aufgeschoben und schier hoffnungslos – in Romantik.«[30]

Untersucht man aber genauer die konstitutiven Strukturmomente der Erfahrung der Grenzüberschreitung, so zeigt sich eine gewisse Unentschiedenheit oder Ambivalenz. Zunächst führen intensive, ekstatische Erlebnisse des Selbstverlustes zu einer »Spaltung« der Subjektivität. Während dieser Erlebnisse ereignet sich für kurze Zeit eine Auflösung bisheriger subjektiver Einstellungen und Perspektiven zugunsten einer intensiven, quasimystischen Erfahrung der reinen Zuständlichkeit, der reinen Innerlichkeit, so daß es zu einer vollständigen Vereinigung und Verschmelzung von Subjekt und Welt zu kommen scheint. Die Erfahrung der Entgrenzung markiert dabei allerdings einen leeren, »unmöglichen« Ort, der nicht nur sprachlich lediglich umkreist werden kann, sondern sich letztlich auch auf der Erfahrungsebene der Grenzüberschreitung selbst manifestiert: Auf der einen Seite stehen die geschilderten Erfahrungen der Transgression in einer unlösbaren Beziehung zu der Erfahrung des Todes, auf der anderen Seite stellen sie aber immer nur Formen einer Annäherung an den Tod dar, d.h. sie besitzen ausschließlich den Status von Todessimulationen. »Die Erotik der Körper leitet weder den endgültigen Bruch der Diskontinuität ein, der der individuelle Tod ist, noch die Augenblicke völliger – realer – Kontinuität [...], sondern sie führt die, die sich auf sie einlassen, in die Richtung des Todes, in eine Richtung, in der der Tod mit der im Spiel der Organe und Körper gegebenen Kontinuität verbunden ist.« (E, 288)[31]

In der lediglich in die Richtung des Todes zielenden, eine tatsächliche Kontinuität aber niemals erreichenden Erfahrung der Grenzüberschreitung sieht Bataille also eine durchgängige Differenz, die offenbar niemals aufgehoben werden kann. Die Überschreitung, die den Menschen überhaupt erst aus der Diskontinuität, d. h. aus den Zwängen seiner durch Verbote geregelten Lebenswelt befreien und ihn zu einem Zustand der Souveränität führen soll, scheint sich in die unhintergehbare Bewegung eines differentiellen Kräftespiels aufzulösen. Einerseits manifestiert sich in der Erfahrung der Grenzüberschreitung das unstillbare Verlangen des Menschen, seine Isolation aufzuheben und mit dem Ganzen der Welt zu verschmelzen, andererseits läßt sich aber dieses Begehren nach totaler Vereinigung niemals real befriedigen. Bataille bezeichnet daher den mit der Erfahrung der Grenzüberschreitung verbundenen Zustand der Souveränität als »das, was sich immer entzieht, was niemand erlangt hat und niemand erlangen wird, aus dem definitiven Grund, daß wir sie nicht wie ein Objekt besitzen können, daß wir darauf beschränkt sind, sie anzustreben« (LB, 174).

In der Batailleschen Erfahrung der Grenzüberschreitung kündigt sich somit bereits die von Jacques Derrida in die poststrukturalistische Theoriebildung eingeführte »glückliche Wendung oder Erfindung«[32] der »différance« an[33], mit deren Hilfe Derrida seine radikal antilogozentristische Position der Dekonstruktion zu systematisieren versucht. Eine »vorläufige und approximative semantische Analyse«[34] des Begriffs »différance« ergibt für Derrida zwei ineinander verschränkte, zwei durcheinander laufende Bedeutungen: An dem Verb »différer« partizipiert die »différance« nicht nur in dem eher vertrauten Sinne des Nicht-Identisch-Seins, des Anders-Seins, des Sich-Unterscheidens, es enthält zusätzlich die Bedeutung von Sich-Aufschieben, Sich-Verzögern, Sich-Verspäten, es bezeichnet »die Tätigkeit, etwas auf später zu verschieben, sich von der Zeit und den Kräften bei einer Operation Rechenschaft abzulegen, die Rechnung aufzumachen, die ökonomischen Kalkül, Umweg, Aufschub, Verzögerung, Reserve, Repräsentation impliziert«[35].

Den doppelten Sinn von »différance« schließt Derrida mit einer ökonomischen Bewegung zusammen, die über einen Umweg, über einen Aufschub, über eine Verzögerung Unterscheidungen oder Differenzen produziert, die – zunächst durchaus in Anlehnung an das strukturalistische Sprachverständnis Ferdinand de Saussures – die Bedingung der Möglichkeit von Bedeutung darstellen. »Die différance bewirkt, daß die Bewegung des Bedeutens nur möglich ist, wenn jedes sogenannte ›gegenwärtige‹ Element, das auf der Szene der Anwesenheit erscheint, sich auf etwas anderes als sich selbst bezieht.«[36] Auf der einen Seite scheint damit zwar in der »différance« die Bedingung der Möglichkeit jeglicher Bedeutung, d.h. letztlich auch jeglichen Verstehens zu liegen, auf der anderen Seite wird aber die sich herausdifferenzierende Bedeutung gerade durch ihren sie allererst konstituierenden Bezug auf ein oder mehrere andere Elemente immer schon von sich selbst, d.h. von ihrer tatsächlichen, gegenwärtigen Existenzweise abgedrängt. Derrida entdeckt damit in dem Prozeß der Bedeutungsbildung einen durchgängigen Riß, einen sich niemals schließenden Spalt, durch den sich jede Möglichkeit einer (Ver-) Gegenwärtigung auflöst: »Ein Intervall muß es [das ›gegenwärtige‹ Element] von dem trennen, was es nicht ist, damit es es selbst sei, aber dieses Intervall, das es als Gegenwart konstituiert, muß gleichzeitig die Gegenwart in sich selbst trennen, und so mit der Gegenwart alles scheiden, was man von ihr her denken kann.«[37] Die »différance« setzt also eine differentielle Bewegung ins Werk, die in der Bewegung zu erfüllter Gegenwart hin eine permanente Verschiebung, einen sich ständig ereignenden Aufschub dieser Gegenwart anzeigt und damit jegliche Hoffnung zerstört, diese aufgeschobene Gegenwart doch noch in naher oder ferner Zukunft erreichen zu können. Der »ökonomische Charakter der différance impliziert keineswegs, die aufgeschobene Gegenwart lasse sich immer wieder finden, es handele sich nur um eine Besetzung, die vorläufig und ohne Verlust die Vergegenwärtigung der Gegenwart [...] verzögere.«[38]

Diese Bewegung einer permanenten Verschiebung, eines ständigen Ausbleibens der Gegenwart findet ihre Entsprechung in dem von Derrida in der Schrift *Grammatologie* (1967) eingeführten Begriff des »Supplements«. Im Unterschied zu einem notwendigen Gegenstück im Sinne der Komplementarität ist das Supplement eine bloße Hinzufügung, ein letztlich überflüssiger Ersatz. Zwar ist der Begriff des Supplements an der metaphysischen, logozentrischen Vorstellung eines privilegierten Originals, eines das Supplement überhaupt erst hervorbringenden Ursprungs gewonnen; für Derrida erfüllt das Supplement aber die strategische Funktion, gerade diese metaphysische Vorstellung eines Ursprungs aufzulösen. In den Augen Derridas existiert überhaupt gar kein Ursprung, vielmehr macht sich an der als Ursprung bezeichneten Stelle von vornherein eine Ersetzung, eine Stellvertretung bemerkbar, so daß dem Ursprung immer schon seine »Ursprünglichkeit« verlorengegangen ist und er sich immer von sich selbst unterscheidet. Diese Struktur, in der jeder Ursprung lediglich Supplement ist, kennzeichnet Derrida mit dem von ihm eingeführten Begriff »différance«: »Die originäre différance ist die Supplementarität als Struktur.«[39]

Von hier aus läßt sich die »différance« Derridas noch einmal genauer bestimmen. Sie bezeichnet nicht eine jederzeit kontrollierbare Operation einfacher Unterscheidungen, sondern bezieht sich auf den Prozeß dieses Unterscheidens selbst, sie markiert die Unterscheidung der Unterscheidung, die Differenzen in den Differenzen, d.h. »die Differentialität oder das Different-Sein dieser

Differenzen«[40]. Sie entzieht sich daher auch jedem Versuch ihrer Darstellung oder Repräsentation, in letzter Konsequenz kann auch die »différance« als solche nicht ihrer eigenen Differentialität, ihrer eigenen Auflösung als »Wort«, »Begriff« oder gar »Methode« entgehen. Die »différance ist nicht. Sie ist kein gegenwärtig Seiendes, so hervorragend, einmalig, grundsätzlich oder transzendent man es sich wünschen mag.«[41] Diese Immaterialität, diesen sich selbst permanent »ausstreichenden« Charakter der »différance« macht Derrida anhand der – nur im Schriftbild zu bemerkenden – veränderten Schreibweise des Wortes »différence« kenntlich. Mit dem das »e« ersetzenden »a« der »différ()nce« kündigt er den Ort an, »an dem die Ökonomie des Todes in der différance sich produziert«[42]. Die sich in der »différence« manifestierende Destruktivität führt damit zu Batailles Erfahrung der Grenzüberschreitung zurück. Bezieht man den destruktiven Charakter der »différance« auf die in der Batailleschen Grenzüberschreitung aufgeschobene, niemals zu erreichende Erfahrung realer Kontinuität (d.h. des Todes), so läßt sich nun präzisierend hinzufügen, daß der Tod gerade aufgrund der Omnipräsenz einer »Ökonomie des Todes« niemals erfahrbar wird, da der Tod (als Differentialität) immer schon sein zerstörerisches Werk durchführt.[43]

Sowohl Batailles Erfahrung der Grenzüberschreitung als auch Derridas Denk- und Erfahrungsraum der »différance« versucht Jean Baudrillard im Rahmen einer Theorie der Simulation für eine Interpretation kultureller Phänomene und Prozesse fruchtbar zu machen.[44] Im (post-)modernen Zeitalter grenzenloser technischer Reproduzierbarkeit, im Zeitalter der Entdeckung des genetischen Codes, der DNS, der Selbst-Reduplikation, im Zeitalter unbegrenzter medialer Repräsentation und digitaler Informationsverarbeitung verlieren für Baudrillard sämtliche, bis dahin fraglos gültige kulturelle Deutungs- und Orientierungssysteme ihre Legitimation. Aus dem in der (Post-)Moderne universal gewordenen medialen und digitalen Raum verschwinden alle Inhalte, Identitäten und Präsenzen, die Welt mündet in einen nicht mehr rückgängig zu machenden, hyperrealen Zustand universeller Simulation: »Heute kippt das ganze System in die Unbestimmtheit, jegliche Realität wird von der Hyperrealität des Codes und der Simulation aufgesogen. Anstelle des alten Realitätsprinzips beherrscht uns von nun an ein Simulationsprinzip.«[45]

Um den mit dem Simulationsprinzip verbundenen Prozeß der Derealisierung, d. h. des Verschwindens der (gesellschaftlichen) Wirklichkeit, der Welt, ja der Geschichte zu präzisieren, führt Baudrillard den Begriff des »Simulakrums« ein. Simulakren sind keine kulturellen Deutungs- und Orientierungsmuster, vielmehr besitzen sie lediglich den Status kultureller Ersatzformen oder Substitutionen. Sie beziehen sich nicht auf eine unabhängig von ihnen existierende, an sich seiende Wirklichkeit, sondern täuschen durch den Anschein, diese Wirklichkeit selbst zu sein, das sogenannte Reale vor und generieren so eine hyperreale Welt ohne Realität.[46] »Es geht um die Substitution des Realen durch Zeichen des Realen, d. h. um eine dissuative Operation, um die Dissuasion realer Prozesse durch ihre operative Verdoppelung, eine programmatische, fehlerlose Signalmaschinerie, die sämtliche Zeichen des Realen [...] erzeugt.«[47] Insofern die Simulakren Baudrillards das Reale durch seine Simulation immer schon von sich selbst abbringen, erscheinen sie als kulturelle Übertragung der differentiellen Supplement-Struktur Derridas: Das »Supplement supplementiert. Es gesellt sich nur bei, um zu ersetzen. Es kommt hinzu oder setzt sich unmerklich an-(die)-Stelle-von; wenn es auffüllt, dann so, wie wenn man eine Leere füllt. Wenn es repräsentiert und Bild wird, dann wird es Bild durch das vorangegangene Fehlen einer Präsenz.«[48]

Aber nicht allein die letztlich der »différance« unterstellte Supplementarität Derridas findet ihre Entsprechung in Baudrillards Theorie der Simulation, auch Batailles Grenzüberschreitung läßt sich in den (radikalen) Konsequenzen wiedererkennen, die Baudrillard aus seiner Diagnose eines irreversiblen Prozesses universeller Simulation zieht. Die exakte Verdoppelung des Realen, die sich paradigmatisch in den reproduktiven Medien der Werbung, der Photographie, des Films und des Fernsehens vollzieht, führt nicht nur zu einem endgültigen Verschwinden des Realen, gleichzeitig kennzeichnet Baudrillard paradoxerweise gerade diesen Verlust des Realen in seiner unendlichen Simulation als das Reale selbst. In diesem Sinne werden die Simulakren selbst zu einer Welt, die immer schon eine gegennatürliche, künstliche, hyperreale Welt der Simulation ist. Von »Medium zu Medium verflüchtigt sich das Reale, es wird zur Allegorie des Todes, aber noch in seiner Zerstörung bestätigt und überhöht es sich: es wird zum Realen schlechthin, Fetischismus des verlorenen Objekts – nicht mehr Objekt der Repräsentation, sondern ekstatische Verleugnung und rituelle Austreibung seiner selbst: hyperreal«[49]. Das Reale übersteigt oder überschreitet sich also ständig selbst, durch die unendliche »Spirale der Verdoppelung«[50] wird es gleichsam entgrenzt und in einen Prozeß ekstatischer Auflösung und Zerstörung eingeschrieben: »Die Simulation ist die Ekstase des Realen.«[51]

Mit diesem ekstatischen Zustand, mit dieser »Agonie« des Realen geht für Baudrillard gleichzeitig eine nicht mehr zu überbietende, absolute Durchsichtigkeit oder Transparenz aller kulturellen Phänomene einher. Da die Strategie universeller Simulation zu einer vollständigen Derealisierung führt, verschwindet folgerichtig auch jede Möglichkeit einer Unterscheidung zwischen verborgenen Tiefenstrukturen und manifesten Oberflächenphänomenen, so daß sämtliche kulturellen Prozesse sich von nun an auf einer jederzeit transparenten Oberfläche, auf einer einzigen übersichtlichen Ebene vollziehen und alles Illusionäre, Scheinhafte, ja Doppeldeutige und Geheimnisvolle aus der Welt verbannt wird. In dieser Situation erscheint laut Baudrillard das Reale realer als das Reale, das Wahre wahrer als das Wahre, das Schöne schöner als das Schöne. Bei einer solchen Übersignifikation bzw. Überdetermination »handelt es sich um die Übersteigerung einer Qualität durch sich selber, hin zu ihrer reinen Form, zu ihrem ekstatischen Leuchten« [52]. Genau diesen Zustand absoluter, hyperrealer Transparenz bezeichnet Baudrillard als obszön: Die »Obszönität in ihrer allgemeinen Form [...] ist für jede Form charakteristisch, die in ihrer Erscheinung erstarrt und die Ambiguität verliert, um sich in eine gesteigerte Sichtbarkeit zu ergießen« [53].

Baudrillards »vollkommen ekstatisches und obszönes Universum reiner Objekte, die füreinander transparent sind« [54], besitzt allerdings eine Radikalität, die selbst Batailles ekstatische Erfahrung der Grenzüberschreitung transzendiert. Baudrillards letztlich »kalte« Ekstase des Realen, die damit verbundene »weiße« Obszönität der Überrepräsentation und absoluten Durchsichtigkeit deckt sich nicht mehr mit Batailles »heißer« oder »schwarzer« Form der Grenzüberschreitung, die sowohl das Verborgene und Verbotene, d.h. das Wechselspiel von Verbot und Überschreitung, voraussetzt als auch an die – wenn auch nur augenblickhaft zu erreichende – Möglichkeit körperlicher Entgrenzungserfahrungen gebunden ist. »Wenn die Obszönität früher [...] den Charme des Verbots, mitsamt seinen Phantasmen und Perversionen hatte, so erscheint die Obszönität heute als vorherrschender Charakterzug, der die Szene des Sichtbaren in einer Art Ekstase der Repräsentation aufleuchten läßt.« [55] »Auf die schwarze Obszönität folgt die weiße Obszönität, auf die heiße Obszönität folgt die kalte Obszönität. Beide implizieren eine Form der Promiskuität: die eine bezieht sich auf die inneren Organe eines Körpers [...], – die andere ist eine Promiskuität der oberflächlichen Sättigung, des unaufhörlichen Anreizes und der Vernichtung von Zwischenräumen.«[56]

Aus der radikalen Perspektive von Baudrillards übersättigtem, in kalter Überschreitung befindlichem Universum der Simulation, in dem sämtliche subjektiven Reaktions- und Handlungsweisen ebenfalls nur als simulierte Authentizität erwecken können, zeigen sich somit die – sicherlich auch aus seiner Zeit heraus erklärbaren – Grenzen des theoretischen und literarischen Werkes Georges Batailles. Legt man die Unterscheidung zwischen Moderne und Postmoderne zugrunde, so nehmen die Schriften Batailles eine eigenartige, ambivalente Zwischenstellung ein. Auf der einen Seite erscheint er immer noch als ein moderner Theoretiker, der mit Hilfe der Erfahrung der Grenzüberschreitung das Leiden des modernen Menschen an seiner Entfremdung und Fragmentierung – wenn auch nur für kurze ekstatische Augenblicke – aufzuheben versucht. Auf der anderen Seite stößt Bataille aber bereits zu einer postmodernen Denkform vor: Um die Entfremdung des modernen Menschen zu überwinden und ein letztes Mal die Erfahrung von Einheit und Ganzheit zu erreichen, wählt Bataille die dialektischen Denkfiguren verwandte Strategie einer radikalen Steigerung dieser Entfremdung und Fragmentierung. Gerade die vollständige Auflösung und Zerstörung der eigenen Ich-Grenzen, die sich während der ekstatischen Erfahrung der Grenzüberschreitung ereignen, fällt für Bataille mit der Erfahrung einer intensiven Steigerung der Subjektivität zusammen, d.h. mit der Erfahrung der totalen Vereinigung und Verschmelzung eines Subjekts mit seiner von ihm bis dahin getrennten »objektiven Welt«.

Durch diese Beschreibung der ambivalenten Erfahrung der Grenzüberschreitung nimmt Bataille bis zu einem gewissen Grad das postmoderne Theorem vorweg, demzufolge sich gerade in der

Entfremdung und Fragmentierung des modernen Menschen ein Freiheitsgewinn manifestiert. Indem nämlich das postmoderne Individuum lernt, den Zusammenbruch seiner eingespielten Denk- und Verhaltensmuster zuzulassen oder sogar selbst zu betreiben, entdeckt es einen – auch von anderen anzuerkennenden – Spielraum, seine niemals endgültig festzulegende Identität immer wieder auf neuartige Weise konstituieren zu können. Michel Foucault, der ein solches Konzept der »Selbsterfindung« in seinen späten Schriften und Interviews zu entwickeln versucht[57], orientiert sich dabei nicht zuletzt auch an Bataille und dessen Theorie souveräner Grenzüberschreitung: »Im Werk von Bataille [...] fesselt ihn der radikale Wille zur Grenzüberschreitung, der Versuch, [...] die Grenzen unserer vertrauten Lebenswelt einzureißen und zu einer Sphäre souveräner Freiheit vorzustoßen.«[58]

Sowohl Batailles Erfahrung der Grenzüberschreitung als auch seine damit einhergehende Oszillation zwischen Moderne und Postmoderne könnten nun aber eine »umgekehrte« Perspektive auf das kalte Universum der »différance« oder der Simulation eröffnen. Da Bataille das Subjekt nicht lediglich in einen sich explosionsartig ausbreitenden Raum zerstreut, sondern seine Auflösung und Zerstreuung mit einer – wenn auch augenblickhaften – subjektiven Erfahrung souveräner Freiheit und Kommunikation verbindet, dürften seine theoretischen und literarischen Entwürfe vor allem auf die Frage, ob bzw. in welcher Form sich Subjekte überhaupt noch innerhalb des destruktiven poststrukturalistischen Universums zu konstituieren vermögen, interessante Antworten bereithalten: »Autoren wie Georges Bataille oder Roger Caillois thematisieren in ihren Arbeiten Erotik, Krieg, Folter und gewaltsames Opfer als Mittel, die Isolation des einzelnen – des Körpers des einzelnen – zu sprengen, um ihn wieder in die allgemeine Kommunikation einzubeziehen, die auf der rein sprachlichen Ebene wegen der Pluralität der Sprachen nicht mehr möglich ist.«[59]

Eine solche, zunächst makaber erscheinende, Wiedereinführung des Subjekts in die allgemeine Kommunikation läßt sich allerdings nur vor dem Hintergrund einer nicht mehr als Lebenshilfe dienenden Lesart der Schriften Batailles analysieren. Solange »auf der körperlichen Ebene der Zerstörung und Verschmelzung [...] die Kommunikation noch immer«[60] funktioniert, solange die vorwiegend Sex and crime thematisierenden Massenmedien »eine universale Sprache anbieten, die alle sprachlichen Grenzen transzendiert, die die einzelnen innerhalb der Masse von einander trennen«[61], stellt die Bataillesche Theorie der Grenzüberschreitung ein unverzichtbares Erklärungspotential bereit, mit dessen Hilfe gerade ausgegrenzte oder verfemte Phänomene (z.B. das Problem sogenannter sinnloser Gewalttaten) in eine allgemeine Theorie der Kultur einbezogen und auf einer möglicherweise tieferliegenden Ebene analysiert werden können. Dabei geht es weniger darum, den im postmodernen, pluralistischen Zeitalter medialer Wirklichkeitssimulationen und digitaler Informationsverarbeitung im Grunde längst verschwundenen Menschen aus seiner entfremdeten, diskontinuierlichen Existenzweise zu befreien. Vielmehr stellt sich in einem viel grundsätzlicheren Sinne die Frage, auf welche Weise der Mensch überhaupt noch einen Zugang zu gesellschaftlichen Kommunikationsprozessen finden, auf welche Weise er überhaupt noch an seiner eigenen Kultur teilnehmen oder gar in sie eingreifen kann.

Anhang

Anmerkungen

1. Einleitung

1 Bill Buford, Geil auf Gewalt. Unter Hooligans, München/Wien 1992, S. 98.
2 Zitiert nach Bernd Mattheus, Georges Bataille. Eine Thanatographie, Bd. 1, München 1984, S. 56. Vgl. auch Batailles literarische »Verarbeitung« des Todes Graneros in der Erzählung *Die Geschichte des Auges* (GA, 36ff.).
3 Vgl. Bernd Mattheus, Georges Bataille. Eine Thanatographie, Bd. 2, München 1988, S. 149ff.
4 André Breton, Erstes Manifest des Surrealismus, in: ders., Die Manifeste des Surrealismus, Reinbek 1986, S. 18.
5 Ebenda, S. 24.
6 Helmut Dahmer, Versäumte Lektionen. Aufsätze von André Breton in deutscher Übersetzung, in: Psyche 2 (1983), S. 152.
7 Elisabeth Lange, »Georges Bataille échappe à l'explication«. Zur Rezeption Batailles in der französischen Literaturkritik der sechziger und siebziger Jahre, in: Helga Finter/Georg Maag (Hg.), Bataille lesen. Die Schrift und das Unmögliche, München 1992, S. 103.
8 Helga Finter, Heterologie und Repräsentation: Strategien des Lachens. Zu Georges Batailles »Le bleu du ciel«, in: dies./Georg Maag (Hg.), Bataille lesen. Die Schrift und das Unmögliche, München 1992, S. 15.
9 Michel Leiris, Von dem unmöglichen Bataille zu den unmöglichen Documents, in: ders., Das Auge des Ethnographen. Ethnologische Schriften, Bd. 2, hrsg. von Hans-Jürgen Heinrichs, Frankfurt/M. 1978, S. 71.
10 Vgl. die Abbildungen in Documents 6 (1929).
11 Mattheus, Georges Bataille. Eine Thanatographie, Bd. 1, a.a.O., S. 140.
12 Ebenda, S. 145.

13 »Gerade der Tod [...] vermag diese grundlegenden Idealitäten der Lebenswelt zu gefährden [...]. Damit bekommt die Konfrontation mit dem Tode den Stellenwert eines mit der Sicherheit der Alltagswelt gnadenlos konkurrierenden ›Ungeheuers‹. Er ist ›Grenzsituation‹ im wahrsten Sinne des Begriffs: einerseits sprengt er die Grenzen fragloser Erfahrungswelt, und andererseits verweist er auf die prinzipielle Begrenzung und Unsicherheit des Lebens.« (Armin Nassehi/Georg Weber, Tod, Modernität und Gesellschaft. Entwurf einer Theorie der Todesverdrängung, Opladen 1989, S. 180f.)

14 Vgl. in diesem Zusammenhang auch Batailles Verteidigung Nietzsches gegenüber dem Vorwurf des Faschismus in: Georges Bataille, Nietzsche, in: Jörg Salaquarda (Hg.), Nietzsche, Darmstadt 1980, S. 45-49. Vgl. ebenfalls Georges Bataille, Nietzsche et les fascistes, in: ders., Œuvres complètes, Bd. 1, Paris 1970, S. 445-465.

15 Vgl. Sigmund Freud, Massenpsychologie und Ich-Analyse, in: ders., Gesammelte Werke, Bd. 13, hrsg. von A. Freud u. a., London 1940, S. 71-161.

16 Vgl. Max Weber, Wirtschaft und Gesellschaft, 5. Aufl., Tübingen 1976, S. 179ff.

17 Vgl. Emile Durkheim, Die elementaren Formen des religiösen Lebens, Frankfurt/M. 1981, S. 61-68, 405-442, 548-555.

18 Zum »Collège de Sociologie« vgl. Michèle H. Richman, Introduction to the Collège de Sociologie. Poststructuralism Before Its Time?, in: Stanford French Review 12 (1988): S. 79-95.

19 Vgl. Georges Bataille, Nietzsche, a. a. O., S. 45.

20 Michel Foucault, Vorrede zur Überschreitung, in: ders., Von der Subversion des Wissens, hrsg. von W. Seitter, Frankfurt/M. 1987, S. 30.

21 Übersetzung Bernd Mattheus in: Georges Bataille. Eine Thanatographie, Bd. 2, a. a. O., S. 93.

22 Zu Batailles Verhältnis zu Nietzsche und Hegel vgl. Slobodan Žunjić, Herrschaft und Souveränität. Hegel und Nietzsche in der Lektüre von Georges Bataille, in: Mihailo Djurić/Josef Simon (Hg.), Nietzsche und Hegel, Würzburg 1992, S. 146-174.

23 Georg Wilhelm Friedrich Hegel, Phänomenologie des Geistes, Hamburg 1988, S. 26.

24 Jacques Derrida, Von der beschränkten zur allgemeinen Ökonomie. Ein rückhaltloser Hegelianismus, in: ders., Die Schrift und die Differenz, Frankfurt/M. 1985, S. 386.

25 Ebenda, S. 387f.
26 Julia Kristeva, Die Sonne Bataille oder Der schuldige Text, in: dies., Geschichten von der Liebe, Frankfurt/M. 1989, S. 352.
27 Ebenda, S. 354.
28 Zu Batailles Literaturtheorie vgl. Wolf-Dieter Lange, Georges Bataille, in: ders. (Hg.), Französische Literaturkritik der Gegenwart in Einzeldarstellungen, Stuttgart 1975, S. 1-26.
29 Elisabeth Lange, »Georges Bataille échappe à l'explication«. Zur Rezeption Batailles in der französischen Literaturkritik der sechziger und siebziger Jahre, a.a.O., S. 101.
30 Ebenda, S. 103.
31 Vgl. Jean-Paul Sartre, Ein neuer Mystiker, in: ders., Situationen, Reinbek 1965, S. 59-88.
32 Jacques Derrida, Von der beschränkten zur allgemeinen Ökonomie. Ein rückhaltloser Hegelianismus, a.a.O., S. 382.
33 Peter Bürger, Das Denken des Herrn. Bataille zwischen Hegel und dem Surrealismus, Frankfurt/M. 1992, S. 48.
34 Rita Bischof, Über den Gesichtspunkt, von dem aus gedacht wird, in: Georges Bataille, Die psychologische Struktur des Faschismus/ Die Souveränität, hrsg. von E. Lenk, München 1978, S. 90.
35 Vgl. Critique 195/196 (1963), S. 751-769; dt.: Michel Foucault, Vorrede zur Überschreitung, a.a.O., S. 28-45.

2. Allgemeine Ökonomie

1 Heinrich von Kleist, Brief an Wilhelmine von Zenge, Anfang 1800, in: ders., Sämtliche Werke, Bd. 2, hrsg. von H. Sembdner, 7. Aufl., München 1987, S. 504.
2 Sigmund Freud, Jenseits des Lustprinzips, in: ders., Gesammelte Werke, Bd. 13, hrsg. von A. Freud u.a., London 1955, S. 68.
3 Ebenda, S. 31.
4 In »Jenseits des Lustprinzips« scheint sich auch Freud in die Richtung der »Sonnenökonomie« (ÖU, 290) Batailles zu bewegen: »Aber im letzten Grunde müßte es die Entwicklungsgeschichte unserer Erde und ihres Verhältnisses zur Sonne sein, die uns in der Entwicklung der Organismen ihren Abdruck hinterlassen hat.« (Freud, Jenseits des Lustprinzips, a.a.O., S. 39f.)
5 »Daß wir als die herrschende Tendenz des Seelenlebens, vielleicht des

Nervenlebens überhaupt, das Streben nach Herabsetzung, Konstanterhaltung, Aufhebung der inneren Reizspannung erkannten [...], das ist ja eines unserer stärksten Motive, an die Existenz von Todestrieben zu glauben.« (Ebenda, S. 60) Auch für Laplanche/Pontalis »kann das Nirwanaprinzip [bzw. der Todestrieb], wie es viel später in Freuds Werk erscheint, als eine Wiederbestätigung der fundamentalen Intuition, die bereits die Formulierung des Trägheitsprinzips leitete, in einem entscheidenden Moment des Freudschen Denkens betrachtet werden (›Wende‹ der zwanziger Jahre)« (Jean Laplanche/Jean-Bertrand Pontalis, Das Vokabular der Psychoanalyse, Frankfurt/M. 1973, S. 511). Vgl. ebenfalls Paul Ricœur, Die Interpretation. Ein Versuch über Freud, Frankfurt/M. 1974, S. 87, Anm. 12: »[...] man könnte auch fragen, ob sich in der Tendenz zum Niveau = 0 nicht bereits der Todestrieb ankündigt«.

6 Freud, Jenseits des Lustprinzips, a. a. O., S. 40.

7 Ders., Das Ich und das Es, in: ders., Gesammelte Werke, Bd. 13, hrsg. von A. Freud u. a., London 1955, S. 269.

8 Ders., Die endliche und unendliche Analyse, in: ders., Gesammelte Werke, Bd. 16, hrsg. von A. Freud u. a., London 1950, S. 89.

9 Insofern die Lebenstriebe (bzw. der Eros) nur »neue Vitaldifferenzen« einführen, »die dann abgelebt werden müssen« (Freud, Jenseits des Lustprinzips, a. a. O., S. 60), stellen sie für Freud keine vollständig gleichberechtigte Triebart neben derjenigen der Todestriebe dar. Zumindest zu Beginn der Einführung des Todestriebes erhebt Freud den Anspruch, mit dem Begriff des Todestriebes *den* fundamentalen Charakterzug der gesamten Triebstruktur zu erfassen. »Diese Überlegungen Freuds [zum Todestrieb] beziehen sich zunächst auf die Triebstruktur als ganze. Die Differenz zwischen Lebens- und Todestrieben setzt erst auf einer zweiten begrifflichen Ebene ein, auf der es gilt zu erklären, wie vor dem Hintergrund der regressiven Natur alles Lebendigen dessen Beharrlichkeit und sogar Entwicklungsfähigkeit zu erklären ist.« (Gunzelin Schmid Noerr, Eros und Todestrieb. Zur Dechiffrierung der psychoanalytischen »Mythologie«, in: Psyche 41 (1987), S. 683)

10 Sigmund Freud, Das Unbehagen in der Kultur, in: ders., Gesammelte Werke, Bd. 14, hrsg. von A. Freud u. a., London 1955, S. 477, Anm. 1.

11 Jean Baudrillard, Der symbolische Tausch und der Tod, München 1982, S. 243. Vgl. auch Bernd Mattheus, Georges Bataille. Eine Thanatographie, Bd. 1, a. a. O., S. 240.

12 Jean Baudrillard, Der symbolische Tausch und der Tod, a. a. O., S. 244. Auch Bernhard Teuber sieht weniger den Einfluß von Freuds Dualismus von Eros und Todestrieb als vielmehr eine Parallele zu Heideggers eigentlichem Ganzseinkönnen des (Da-)Seins zum Tode: »In Batailles folgerichtiger Zusammenführung des Eros mit dem Tod ist [...] keine streng freudianische Denkfigur zu erkennen, insofern sonst der Geschlechts- und der Todestrieb als gegensätzliche Kräfte gelten müßten. Sehr viel eher ergibt sich eine sachliche Parallele zu Martin Heideggers Zeit- und Existenzphilosophie. Wenn nämlich bei Bataille das Wesen der Sexualität als nichts anderes erscheint denn als eine Variante der erotischen Verausgabung, dann wird die Sexualität selbst zum radikalen Ausbruch der Zeitlichkeit, der Sterblichkeit, des Seins zum Tod.« (Bernhard Teuber, Saint Jean de la Croix lecteur de Bataille. Ein Versuch zur erotischen Transgression im Lied von der dunklen Nacht, in: Helga Finter/Georg Maag (Hg.), Bataille lesen. Die Schrift und das Unmögliche, München 1992, S. 76) M. E. ist es aber dennoch sinnvoll, mit Hilfe der »energetischen Ökonomie« Freuds in Batailles immer noch schwer eingängige Allgemeine Ökonomie einzuführen. Vgl. zu Bataille, Heidegger und Freud auch Gerd Bergfleth, Baudrillard und die Todesrevolte, in: Jean Baudrillard, Der symbolische Tausch und der Tod, a. a. O., S. 409-416.

13 Karl Marx, Das Kapital. Kritik der politischen Ökonomie, Bd. 1 (MEW Bd. 23), Berlin 1988, S. 52.

14 Gerd Bergfleth, Theorie der Verschwendung. Einführung in Georges Batailles Antiökonomie, München 1985, S. 12.

15 Zu Marcel Mauss vgl. Pierre Centlivres, Marcel Mauss (1872-1950), in: Wolfgang Marschall (Hg.), Klassiker der Kulturanthropologie. Von Montaigne bis Margaret Mead, München 1990, S. 171-197.

16 Der Potlatsch findet nicht nur zwischen rivalisierenden, ihre Clans vertretenden Häuptlingen statt, sondern auch zwischen den Häuptlingen und ihren eigenen Clans. Um seine Machtposition zu erhalten, muß ein Häuptling von Zeit zu Zeit einen Teil seiner Reichtümer an die Mitglieder seines Clans verschenken. »Die Gemeinschaft ist [...] neidisch auf ihre Macht, und der Häuptling bleibt nicht Häuptling oder auch der Reiche bleibt nicht reich und mächtig, wenn er nicht periodisch seine Güter verteilt. Allein das Wohlwollen seiner Gruppe erlaubt ihm diese Akkumulation, und nur durch Vergeudung kann er dieses Wohlwollen erwerben.« (Marcel Mauss, Über den jahreszeitlichen Wandel der Eskimogesellschaften. Eine Studie zur

Sozialen Morphologie, in: ders., Soziologie und Anthropologie, Bd. 1, Frankfurt/M. 1989, S. 267)

17 Marcel Mauss, Die Gabe. Form und Funktion des Austauschs in archaischen Gesellschaften, Frankfurt/M. 1990, S. 24.

18 Ebenda, S. 85.

19 Ebenda, S. 84.

20 Ebenda, S. 24.

21 Steven Lukes, Marcel Mauss, in: International Encyclopedia of the Social Sciences, Bd. 10, New York 1968, S. 80.

22 Marcel Mauss, Die Gabe, a. a. O., S. 166.

23 Ebenda, S. 173.

24 Ebenda, S. 163.

25 Vgl. Max Weber, Die Objektivität sozialwissenschaftlicher und sozialpolitischer Erkenntnis, in: ders., Gesammelte Aufsätze zur Wissenschaftslehre, Tübingen 1973, S. 190 ff.

26 Karl Marx, Das Kapital, a. a. O., S. 231.

27 Traugott König, Sartre und Bataille, in: ders. (Hg.), Sartre. Ein Kongreß, Reinbek 1988, S. 375.

28 Eine militärische Gesellschaft bestimmt Bataille als »eine unternehmende Gesellschaft, für die der Krieg eine Machtentfaltung, eine planmäßige Ausdehnung des Herrschaftsbereichs darstellt. Es ist eine relativ milde Gesellschaft, die die vernünftigen Grundsätze des für die Zukunft planenden Unternehmergeistes in die Sitten einführt und den Wahnsinn des Opfers ausschließt. Nichts widerstrebt der militärischen Organisation so sehr wie [...] Vergeudungen von Reichtum.« (VT, 85 f.)

29 Bernd Mattheus, Georges Bataille. Eine Thanatographie, Bd. 1, a. a. O., S. 131.

30 Batailles Gesellschaftstheorie liegt auch seiner Einschätzung von Revolutionen zugrunde. Zwar begrüßt er auf der einen Seite die Praxis der Revolution, indem sie die »grandioseste Form sozialer Verausgabung« (BV, 27) darstellt, auf der anderen Seite belächelt er die revolutionären Projekte, insofern sie eine grundsätzliche Aufhebung der Verschwendung und Zerstörung intendieren. Jeglicher Versuch, eine Sozialutopie zu realisieren, die eine ideal eingerichtete Gesellschaft im Sinne hätte, fände daher in Bataille keinen Fürsprecher.

3. Verbot und Überschreitung

1 Emile Durkheim, Die elementaren Formen des religiösen Lebens, a. a. O., S. 62.
2 Ebenda, S. 548.
3 Ebenda, S. 551.
4 Ebenda, S. 437.
5 Ebenda, S. 405 f.
6 Den »irrationalen Charakter der Verbote« (E, 63) stellt auch Sigmund Freud fest. Er bemerkt in diesem Zusammenhang, »daß diese Verbote ebenso unmotiviert und in ihrer Herkunft rätselhaft sind. Sie sind irgend einmal aufgetreten und müssen nun infolge einer unbezwingbaren Angst gehalten werden. Eine äußere Strafandrohung ist überflüssig, weil eine innere Sicherheit (ein Gewissen) besteht, die Übertretung werde zu einem unerträglichen Unheil führen.« (Sigmund Freud, Totem und Tabu. Einige Übereinstimmungen im Seelenleben der Wilden und der Neurotiker, in: ders., Gesammelte Werke, Bd. 9, hrsg. von A. Freud u. a., London 1948, S. 36)
7 Vgl. auch Peter Bürger, Das Denken des Herrn. Bataille zwischen Hegel und dem Surrealismus, Frankfurt/M. 1992, S. 47.
8 Auch Freud beschreibt »das ambivalente Verhalten des Individuums gegen das eine Objekt, vielmehr die eine Handlung an ihm [...]. Es will diese Handlung – die Berührung – immer wieder ausführen, es sieht in ihr den höchsten Genuß, aber es darf sie nicht ausführen, es verabscheut sie auch.« (Sigmund Freud, Totem und Tabu, a. a. O., S. 39 f.)
9 Traugott König, Sartre und Bataille, a. a. O., S. 376.
10 Victor Turner, Prozeß, System, Symbol. Eine neue anthropologische Synthese, in: Rebekka Habermas/Niels Minkmar (Hg.), Das Schwein des Häuptlings. Sechs Aufsätze zur Historischen Anthropologie, Berlin 1992, S. 131.
11 Ders., Das Ritual. Struktur und Anti-Struktur, Frankfurt/M./New York 1989, S. 159.
12 Ebenda, S. 96.
13 Ebenda, S. 130.
14 Ebenda, S. 135.
15 Vgl. Arnold van Gennep, Übergangsriten (Les rites de passage), Frankfurt/M./New York 1986.
16 Victor Turner, Das Ritual. Struktur und Anti-Struktur, a. a. O., S. 95.

17 Ebenda, S. 128.
18 Ebenda, S. 129.
19 Ders., Vom Ritual zum Theater. Der Ernst des menschlichen Spiels, Frankfurt/M./New York 1989, S. 71.
20 Ebenda, S. 86.
21 Ders., Prozeß, System, Symbol. Eine neue anthropologische Synthese, a. a. O., S. 141.

4. Die »innere« Erfahrung der Grenzüberschreitung

1 Emile Durkheim, Die elementaren Formen des religiösen Lebens, a. a. O., S. 434.
2 Ebenda, S. 433 f.
3 Ebenda, S. 65.
4 Ebenda.
5 Walter Burkert, Wilder Ursprung. Opferritual und Mythos bei den Griechen, Berlin 1990, S. 47.
6 Emile Durkheim, Die elementaren Formen des religiösen Lebens, a. a. O., S. 427.
7 Friedrich Nietzsche, Die Geburt der Tragödie, in: ders., Kritische Studienausgabe, Bd. 1, hrsg. von G. Colli u. M. Montinari, Berlin/New York 1980, S. 28.
8 Ebenda.
9 Friedrich Nietzsche, Nachgelassene Fragmente 1887-1889, in: ders., Kritische Studienausgabe, Bd. 13, hrsg. von G. Colli u. M. Montinari, Berlin/New York 1988, S. 146.
10 Vgl. Bernd Mattheus, Georges Bataille. Eine Thanatographie, Bd. 1, a. a. O., S. 87.
11 Sigmund Freud, Das Unheimliche, in: ders., Gesammelte Werke, Bd. 12, hrsg. von A. Freud u. a., London 1955, S. 257.
12 Ebenda.
13 Ebenda.
14 Peter Sloterdijk, Der Denker auf der Bühne. Nietzsches Materialismus, Frankfurt/M. 1986, S. 62.
15 Hans Joas, Die Kreativität des Handelns, Frankfurt/M. 1992, S. 279.
16 Übersetzung Bernd Mattheus in: ders., Georges Bataille. Eine Thanatographie, Bd. 2, a. a. O., S. 58.

17 Peter Bürger, Das Denken des Herrn. Bataille zwischen Hegel und dem Surrealismus, a. a. O., S. 57.
18 Karl Heinz Bohrer, Plötzlichkeit. Zum Augenblick des ästhetischen Scheins, Frankfurt/M. 1981, S. 140.
19 Hans Joas, Die Kreativität des Handelns, a. a. O., S. 249.
20 Ebenda.
21 Das Phänomen des Lachens hat Bataille – neben der Erfahrung des Todes während eines Stierkampfes – überhaupt erst zu seiner theoretischen Position geführt: Der »verborgen gebliebene Sinn des Lachens war [...] in meinen Augen die Schlüsselfrage [...], das Rätsel, das ich um jeden Preis lösen werde (das, einmal gelöst, von sich aus alles lösen würde)« (EI, 80 – Übersetzung Bernd Mattheus in: ders., Georges Bataille. Eine Thanatographie, Bd. 1, a. a. O., S. 51); »das Problem des Lachens schien mir unbestritten das Fundament zu sein. Ich stellte mir nicht vor, daß mich Lachen vom Denken dispensierte, sondern daß Lachen, da es in gewisser Hinsicht Vorbedingung für mein Denken ist, mich weiter bringen würde als das Denken. Lachen und Denken schienen sich mir anfangs zu ergänzen. Das Denken ohne das Lachen kam mir verstümmelt vor, das Lachen ohne das Denken war auf diese Bedeutungslosigkeit reduziert, die ihm gemeinhin eingeräumt wird.« (C, 562 – Übersetzung Bernd Mattheus in: ders., Georges Bataille. Eine Thanatographie, Bd. 1, a. a. O., S. 52)
22 Helmuth Plessner, Lachen und Weinen, in: ders., Philosophische Anthropologie, Frankfurt/M. 1970, S. 153.
23 Martin Heidegger, Was ist Metaphysik?, in: ders., Wegmarken, Frankfurt/M. 1978, S. 110.
24 Bataille erhielt bereits 1929 von Henri Corbin eine von diesem angefertigte Übersetzung von Heideggers Schrift *Was ist Metaphysik?*. Trotz gewisser Vorbehalte, die vor allem Heideggers Existenz als Philosophieprofessor betreffen, äußert Bataille in der Zeitschrift »Critique« über Heidegger: »Von den ersten Seiten an bestach diese neue Philosophie [...]: sie war auf gleicher Höhe mit dem Leben; kurz, dieser Mensch hier, der ich bin (nicht jener andere), dieser Mensch, dessen Leben immer nur potentiell gegeben und niemals sicher ist, und das in einem ständigen Kampf auf dem Spiel steht, dieser angsterfüllte, dieser sterbende Mensch wurde an die Stelle des gleichgültigen Wesens der Schulphilosophie gesetzt.« (Critique 41 (1950), S. 80, zitiert nach Bernd Mattheus, Georges Bataille. Eine Thanatographie, Bd. 1, a. a. O., S. 163)

25 Martin Heidegger, Was ist Metaphysik?, a.a.O., S. 109
26 Ebenda, S. 111.
27 Vgl. Georges Bataille, L'Expérience intérieure, in: ders., Œuvres complètes, Paris 1973, S. 97 ff.
28 Die Begriffsschärfe, die Bataille erst in *L'Expérience intérieure* mit der Unterscheidung zwischen »je« und »ipse« erreicht, könnte sich dem Einfluß Lacans verdanken. Im »Spiegelstadium« (1936) unterscheidet Lacan zwischen dem vorsprachlichen realen (dem Batailleschen »ipse«), dem symbolischen (dem Batailleschen »je«) und dem imaginären Ich (das keine Entsprechung bei Bataille findet). Vgl. Jacques Lacan, Das Spiegelstadium als Bildner der Ich-Funktion, wie sie uns in der psychoanalytischen Erfahrung erscheint, in: ders., Schriften I, hrsg. von N. Haas u. H.-J. Metzger, Olten 1973, S. 61-70.
29 Vgl. Georges Bataille, Le labyrinthe, in: ders., Œuvres complètes, Paris 1970, S. 436 f., und L'Expérience intérieure, in: ders., Œuvres complètes, Paris 1973, S. 99.
30 Bernd Mattheus, Georges Bataille. Eine Thanatographie, Bd. 1, a.a.O., S. 325.
31 Peter Bürger, Das Denken des Herrn. Bataille zwischen Hegel und dem Surrealismus, a.a.O., S. 59.
32 Hans-Thies Lehmann, Ökonomie der Verausgabung – Georges Bataille, in: Merkur 9/10 (1987), S. 835 f.
33 Friedrich Nietzsche, Die Geburt der Tragödie, a.a.O., S. 34.

5. Utopische Erfahrung, Kommunikation, Gewalt

1 Traugott König, Sartre und Bataille, a.a.O., S. 375.
2 Ernst Bloch, Das Prinzip Hoffnung, Bd. 3, Frankfurt/M. 1985, S. 1297.
3 Ulrich Hommes, Utopie, in: Hermann Krings/Hans Michael Baumgartner/Christoph Wild (Hg.), Handbuch philosophischer Grundbegriffe, Bd. 6, München 1974, S. 1576.
4 Nach der Theorie Batailles kann die Entwicklungsfähigkeit einer Gesellschaft allerdings auch bedeuten, daß eine spezifische Gesellschaftsformation überhaupt verschwindet oder durch eine neue abgelöst wird.
5 Karl Heinz Bohrer, Plötzlichkeit. Zum Augenblick des ästhetischen Scheins, a.a.O., S. 203.

6 Ebenda, S. 186.

7 Ebenda, S. 202.

8 Vgl. in diesem Zusammenhang von Utopie, Transgression und Kommunikation auch die Ausführungen Karl Heinz Bohrers über Robert Musil, der übrigens der Erfahrung des »Ausnahmezustandes«, »diesem ›Augenblick‹ explizit den Namen ›Utopie‹ gegeben« hat (Karl Heinz Bohrer, Plötzlichkeit. Zum Augenblick des ästhetischen Scheins, a. a. O., S. 202): »Es handelt sich bei dieser Form der Ich-Ekstase von Beginn an um zwei im Widerstreit liegende Möglichkeiten: den Zustand, der esoterisch ist, hypothetisch sich verhält, zwischen Theorie und Anschauung des ›Glücks‹ unentschieden hin- und herschwebend, und den Zustand der absoluten erotischen Exaltation vom Ich zum Du, die Tabu-Grenze des Inzests überschreitend.« (Ebenda, S. 204 f.)

9 Hans-Thies Lehmann, Ökonomie der Verausgabung – Georges Bataille, a. a. O., S. 837.

10 Daß Batailles Beschreibungen der Gewaltsamkeit, die die sexuelle Ekstase begleiten, keine bloße, brutale Ausübung von Macht meinen, zeigen seine literarischen, erotischen Texte; »wenn die Ausschweifenden in eine Ekstase gleiten, dann geschieht dies mit einer entgrenzenden Gewalt, an der alle teilhaben: Bataille läßt keinen der Beteiligten der Versuchung erliegen, das sexuelle Erlebnis in ein Machterlebnis umzusetzen. Nie hat Bataille den Genuß des einen auf Kosten des anderen – oder der einen Gruppe auf Kosten der anderen – beschrieben.« (Marion Luckow, Nachwort, in: Georges Bataille, Das obszöne Werk, Reinbek 1990, S. 228) Bataille wirft daher dem Marquis de Sade vor, in seinen literarischen Ausschweifungen die anderen Menschen ausschließlich als etwas rein Äußerliches zu behandeln. Vgl. Georges Bataille, La Souveraineté, in: ders., Œuvres complètes, Bd. 8, Paris 1976, S. 297.

11 Max Scheler, Wesen und Formen der Sympathie, Bern 1974, S. 36.

12 Hans-Thies Lehmann, Ökonomie der Verausgabung – Georges Bataille, a. a. O., S. 835.

13 Roger Caillois, Der Mensch und das Heilige, München/Wien 1988, S. 130. Von der kommunikativen Dimension der Transgression im Rahmen von Festen spricht auch Nietzsche in der *Geburt der Tragödie*: »Jetzt ist der Sklave freier Mann, jetzt zerbrechen alle die starren feindseligen Abgrenzungen, die Not, Willkür oder ›freche Mode‹ zwischen den Menschen festgesetzt haben. Jetzt [...] fühlt sich jeder mit seinem

Nächsten nicht nur vereinigt, versöhnt, verschmolzen, sondern eins [...]. Singend und tanzend äußert sich der Mensch als Mitglied einer höheren Gemeinsamkeit: er hat das Gehen und Sprechen verlernt und ist auf dem Wege, tanzend in die Lüfte emporzufliegen.« (Friedrich Nietzsche, Die Geburt der Tragödie, a.a.O., S. 29)

14 Vgl. S. Strasser, Emmanuel Lévinas: Ethik als Erste Philosophie, in: Bernhard Waldenfels, Phänomenologie in Frankreich, Frankfurt/M. 1987, S. 263, Anm. 2.

15 Ebenda, S. 228.

16 Ebenda.

17 Ebenda, S. 242.

18 Ebenda.

19 Ralf-Erik Posselt/Klaus Schumacher, Projekthandbuch: Gewalt und Rassismus, Mühlheim a.d. Ruhr 1993, S. 78.

20 Buford, Geil auf Gewalt. Unter Hooligans, a.a.O., S. 245.

21 Ebenda, S. 209.

22 Ebenda, S. 98.

23 Ebenda, S. 218.

24 Reza Abdoh, Gewalt – Tod – Theater. Ein Gespräch, in: Akzente 2 (1993), S. 167.

25 Hajo Schmidt, Sozialphilosophie des Krieges. Staats- und subjekttheoretische Untersuchungen zu Henri Lefebvre und Georges Bataille, Essen 1990, S. 44.

26 Ebenda.

27 Vgl. Udo Rauchfleisch, Allgegenwart von Gewalt, Göttingen 1992.

28 Ebenda, S. 242.

6. Entmachtung des Subjekts: Bataille und die »Postmoderne«

1 Jacques Derrida, Die Archäologie des Frivolen, Berlin 1993, S. 12.

2 Jürgen Habermas, Zwischen Erotismus und Allgemeiner Ökonomie: Bataille, in: ders., Der philosophische Diskurs der Moderne. Zwölf Vorlesungen, Frankfurt/M. 1988, S. 276.

3 Peter Sloterdijk, Der Denker auf der Bühne. Nietzsches Materialismus, a.a.O., S. 78, Anm.

4 Boris Groys, Über das Neue. Versuch einer Kulturökonomie, München/Wien 1992, S. 15.

5 Ebenda.

6 Jean-Paul Sartre, Ein neuer Mystiker, a.a.O., S. 63.

7 Jacques Derrida, Von der beschränkten zur allgemeinen Ökonomie. Ein rückhaltloser Hegelianismus, a.a.O., S. 380.

8 Abgesehen von Rezensionen zu der 1963 erschienenen Übersetzung von *L'Érotisme* wurde man in Deutschland erst in den siebziger und achtziger Jahren langsam auf das Werk Georges Batailles aufmerksam. Die sporadische Rezeption Batailles vollzog sich dabei zunächst ausschließlich im außeruniversitären Bereich. Zu nennen sind hier vor allem die Einführungen und Kommentare Gerd Bergfleths, des Herausgebers der (z.T. von ihm selbst angefertigten) deutschen Übersetzungen, die (bislang) zweibändige Biographie bzw. »Thanatographie« von Bernd Mattheus und die Schriften Rita Bischofs. Im Zusammenhang mit dem auf universitärer Ebene nahezu völligen Ausbleiben einer Rezeption Batailles hat sich Jürgen Habermas das Verdienst erworben, auf die Bedeutung des theoretischen Ansatzes Batailles für den philosophischen Diskurs der Moderne hingewiesen zu haben. In jüngster Zeit beschäftigte sich Peter Bürger mit Bataille in einem Titelaufsatz, Helga Finter und Georg Maag gaben einen Aufsatzband zu Bataille heraus.

9 Vgl. Elisabeth Lange, Georges Bataille échappe à l'explication. Zur Rezeption Batailles in der französischen Literaturkritik der sechziger und siebziger Jahre, a.a.O., S. 102.

10 Michel Leiris, Georges Batailles Don Juanismus, in: ders., Das Auge des Ethnographen. Ethnologische Schriften, Bd. 2, hrsg. von H.-J. Heinrichs, Frankfurt/M. 1978, S. 78.

11 Zum Verhältnis Sartres und Batailles vgl. Traugott König, Sartre und Bataille, a.a.O., S. 365-381, außerdem Jean-François Fourny, La communication impossible: Georges Bataille et Jean-Paul Sartre, in: Stanford French Review 12 (1988), S. 149-160.

12 Peter Bürger, Das Denken des Herrn. Bataille zwischen Hegel und dem Surrealismus, a.a.O., S. 55.

13 Ebenda, S. 57.

14 André Breton, Zweites Manifest des Surrealismus, in: ders., Die Manifeste des Surrealismus, Reinbek 1986, S. 98.

15 Ebenda, S. 97. Auch Breton thematisiert übrigens die eigenwillige Sprache Batailles: »Man kann beobachten, daß Monsieur Bataille einen geradezu delirierenden Verbrauch an Adjektiven hat: besudelt, senil, ranzig, unfähig, zotig, schwachsinnig – und daß diese Wörter ihm nicht etwa zur Beschreibung unerträglicher Dinge dienen, son-

dern daß er mit ihnen aufs Lyrischste sein Wohlbehagen ausdrückt.« (Ebenda, S. 97)

16 Vgl. Critique 195/196 (1963), S. 751-769; dt.: Michel Foucault, Vorrede zur Überschreitung, a.a.O., S. 28-45.

17 Zur jüngeren Rezeption Nietzsches und Heideggers in Frankreich vgl. Philipp Rippel, Souveränität und Revolte. Die Wiedererweckung Nietzsches und Heideggers in Frankreich, in: Peter Kemper (Hg.), »Postmoderne« oder Der Kampf um die Zukunft. Die Kontroverse in Wissenschaft, Kunst und Gesellschaft, Frankfurt/M. 1988, S. 104-126.

18 Michel Foucault, Vorrede zur Überschreitung, a.a.O., S. 30.

19 Zum Einfluß Batailles auf Foucault vgl. die Aussage Foucaults in einem Interview mit Paolo Caruso: »Lange Zeit herrschte in mir ein schlecht gelöster Konflikt zwischen der Leidenschaft für Blanchot, Bataille und andererseits dem Interesse für gewisse positive Studien wie die von Dumézil und Lévi-Strauss. Aber eigentlich haben diese beiden Richtungen [...] in gleicher Weise dazu beigetragen, mich zum Gedanken des Verschwindens des Subjekts zu führen. Die Erfahrung der Erotik bei Bataille und die Erfahrung der Sprache bei Blanchot, verstanden als Erfahrungen der Auflösung, des Verschwindens, der Verleugnung des Subjekts (des sprechenden und erotischen Subjekts) haben mir den Gedanken nahegelegt, den ich [...] auf die Reflexion über die strukturalen oder ›funktionalen‹ Analysen in der Art von Dumézil oder Lévi-Strauss übertragen habe.« (Michel Foucault, Von der Subversion des Wissens, hrsg. von W. Seitter, Frankfurt/M. 1988, S. 21)

20 Michel Foucault, Vorrede zur Überschreitung, a.a.O., S. 38.

21 Martin Heidegger, Brief über den Humanismus, in: ders., Wegmarken, Frankfurt/M. 1978, S. 316.

22 Michel Foucault, Vorrede zur Überschreitung, a.a.O., S. 37.

23 Vgl. zur Verabschiedung des Begriffs des Autors auch Michel Foucault, Was ist ein Autor?, in: ders., Schriften zur Literatur, Frankfurt/M. 1988, S. 7-31.

24 Der Gedanke des sich in der Sprache verschiebenden Subjekts ist Foucault auch vom Strukturalismus her vertraut. Für Saussure ist das System der Sprache nicht Funktion des sprechenden Subjekts, sondern umgekehrt ist das Subjekt Funktion der Sprache, d.h. es ist in das System der Sprache eingeschrieben. In bezug auf Saussure schreibt Jacques Derrida: Das »Subjekt wird nur sprechend, wenn es Umgang mit dem System von linguistischen Verschiedenheiten hat; das Subjekt wird nur bedeutend (generell durch Sprechen oder andere Zeichen),

wenn es sich in das System von Differenzen einschreibt.« (Jacques Derrida, Die différance, in: ders., Randgänge der Philosophie, hrsg. von P. Engelmann, Wien 1988, S. 41 f.)

25 Michel Foucault, Archäologie des Wissens, Frankfurt/M. 1981, S. 136.

26 Ders., Die Ordnung des Diskurses, Frankfurt/M. 1991, S. 37. Vgl. auch die Aussage Gilles Deleuzes in einem Interview von 1989: »Denn uns interessieren Individuierungsweisen, die nicht mehr die Individuierung einer Sache, einer Person oder eines Subjekts betreffen: zum Beispiel die Individuierung einer Stunde des Tages, einer Region, eines Klimas, eines Flusses oder Windes, eines Ereignisses. Und vielleicht glaubt man zu Unrecht an die Existenz von Dingen, Personen und Subjekten.« (Gilles Deleuze, Gespräch über Tausend Plateaus, in: ders., Unterhandlungen 1972-1990, Frankfurt/M. 1993, S. 42)

27 Auch in seiner zu Beginn der siebziger Jahre verfolgten »Analytik der Macht« orientiert sich Foucault an Bataille. In *Überwachen und Strafen* (1975) beschreibt Foucault allerdings das Verschwinden der Ökonomie der Verausgabung, die sich in der mittelalterlichen Bestrafungspraxis, in Folterungen und Hinrichtungen, im »Fest der Martern« manifestiert, zugunsten einer »menschlicheren« Überwachungspraxis, deren Funktion nicht zuletzt darin besteht, die mit den öffentlichen Exekutionen drohende Subversion der gesellschaftlichen Ordnung zu unterbinden. »Es wird notwendig, eine andere Bestrafungsstrategie und neue Techniken zu entwickeln, um die Ökonomie der Verausgabung und des Exzesses durch eine Ökonomie der Kontinuität und der Dauer zu ersetzen.« (Michel Foucault, Überwachen und Strafen. Die Geburt des Gefängnisses, Frankfurt/M. 1977, S. 111) In *Der Wille zum Wissen* (1976), dem ersten Band von »Sexualität und Wahrheit«, ist ebenfalls der Einfluß Batailles spürbar, auch wenn sich Foucault hier von Batailles Theorie der Souveränität abzuwenden scheint: »Die Möglichkeitsbedingung der Macht oder zumindest der Gesichtspunkt, der ihr Wirken bis in die ›periphersten‹ Verzweigungen erkennbar macht und in ihren Mechanismen einen Erkenntnisraster für das gesellschaftliche Feld liefert, liegt nicht in der ursprünglichen Existenz eines Mittelpunktes, nicht in der Sonne der Souveränität, von der abgeleitete oder niedere Formen ausstrahlen; sondern in dem bebenden Sockel der Kraftverhältnisse, die durch ihre Ungleichheit unablässig Machtzustände erzeugen, die immer lokal und instabil sind.« (Michel Foucault, Der Wille zum Wissen. Sexualität und Wahrheit I, Frankfurt/M. 1983, S. 114).

28 Jacques Lacan, Das Spiegelstadium als Bildner der Ich-Funktion, wie sie uns in der psychoanalytischen Erfahrung erscheint, a. a. O., S. 67.

29 Ihab Hassan, Postmoderne heute, in: Wolfgang Welsch (Hg.), Wege aus der Moderne. Schlüsseltexte der Postmoderne-Diskussion, Weinheim 1988, S. 49.

30 Wolfgang Welsch, Unsere postmoderne Moderne, Weinheim 1988, S. 176.

31 Auf präzise, wenn auch etwas kitschige Weise hat auch der mit Bataille befreundete surrealistische Schriftsteller und Ethnologe Michel Leiris den in der Grenzüberschreitung niemals zu erreichenden Ort tatsächlicher Kontinuität beschrieben. In der Schrift *Spiegel der Tauromachie* (1937), in der Leiris Stierkampf und Erotik parallelisiert, bestimmt er die entscheidende Bedeutung der erotischen Erfahrung »dadurch, daß es für das denkende Individuum der einzige Weg ist, auf dem es glaubt, wenigstens eine kurze Zeitspanne lang, mit dem gesamten Universum, das hier in einem einzelnen Lebewesen resümiert ist, eins werden zu können. Wenn dieses Miteinander im Stierkampf eine unmittelbare Gefahr darstellt – eine vollständige Fusion ist nur auf Kosten des Lebens möglich –, können wir bei der Liebe Entsprechendes feststellen, denn eine totale Kommunikation zwischen zwei Menschen kann nur im Tode vollzogen werden, wenn beide Partner im Höhepunkt des Paroxysmus sterben würden, bevor sie überhaupt Zeit hätten, auseinanderzugehen, jenen Abhang langsam hinunterzugleiten, zu dem der herrlich steile Aufstieg wird, den sie zu Beginn gemeinsam erklimmen.« (Michel Leiris, Spiegel der Tauromachie, eingeleitet durch Tauromachien, München 1982, S. 92f.) Vgl. auch Batailles Aussage in »Hegel, der Tod und das Opfer« (1955): »Damit der Mensch schließlich sich selber offenbarte, müßte er sterben, er müßte es aber tun, indem er am Leben bleibt – indem er zusieht, wie er aufhört zu sein. In anderen Worten, der Tod selbst müßte (Selbst-)Bewußtsein werden, in genau dem Augenblick, in dem er das bewußte Wesen vernichtet.« (H, 336) »Um jeden Preis wäre es darum erforderlich, daß er in dem Augenblick, in dem er wirklich stirbt, lebte, oder daß er mit dem Eindruck lebte, wirklich zu sterben.« (H, 337)

32 Geoffrey Bennington, Derridabase, in: Jacques Derrida. Ein Portrait von Geoffrey Bennington und Jacques Derrida, Frankfurt/M. 1994, S. 79.

33 Zum Verhältnis Batailles zu Derrida vgl. Jean-Michel Heimonet,

From Bataille to Derrida. Différance and Heterology, in: Stanford French Review 12 (1988), S. 129-147.

34 Jacques Derrida, Die différance, a. a. O., S. 33.

35 Ebenda.

36 Ebenda, S. 39.

37 Ebenda. Vgl. auch Jacques Derrida, Grammatologie, Frankfurt/M. 1983, S. 116.

38 Jacques Derrida, Die différance, a. a. O., S. 45.

39 Jacques Derrida, Grammatologie, a. a. O., S. 286. Zugunsten eines einheitlichen Schriftbildes wurde die in der Übersetzung der *Grammatologie* verwendete Schreibweise »*Differenz« durch »différance« ersetzt.

40 Geoffrey Bennington, Derridabase, a. a. O., S. 80.

41 Jacques Derrida, Die différance, a. a. O., S. 47.

42 Ebenda, S. 30.

43 Mit Hilfe der »différance« Derridas lassen sich auch bereits Batailles frühe, radikal antiidealistische Entwürfe der »Heterologie« und des »niederen Materialismus« interpretieren. Bataille versucht dort, eine »Erkenntnis der unerklärlichen Differenz zu begründen, die den unmittelbaren Zugang der Intelligenz zur Materie erfordert, vor aller intellektuellen Reduktion« (PSF, 15). Um den Materialismus vor einem Rückfall in eine idealistische Position zu bewahren, faßt Bataille die Materie als »nicht-logische Differenz« (BV, 31). Diese unterbindet aus sich selbst heraus jeglichen Versuch einer Homogenisierung und Objektivierung, da sich die gesellschaftlich ausgeschlossenen und verfemten niederen und heterogenen Elemente (z. B. Kot, Urin, Blut) überhaupt nicht mehr dazu eignen, »ideale« Einheiten zu konstituieren, so daß die heterogenen Elemente die Bewegung ihrer eigenen Destruktion immer schon von selbst durchlaufen.

44 Systematisch entfaltet wird diese Theorie in der Schrift *Der symbolische Tausch und der Tod.*

45 Jean Baudrillard, Der symbolische Tausch und der Tod, München 1982, S. 8. Zu Baudrillard vgl. Thomas Jung, Jenseits der Geschichte – Jenseits des Humanen? Zur Kennzeichnung der Gegenwartsmoderne durch Jean Baudrillard, in: Stefan Müller-Doohm (Hg.), Jenseits der Utopie. Theoriekritik der Gegenwart, Frankfurt/M. 1991, S. 364-394, und Klaus Kraemer, Schwerelosigkeit der Zeichen? Die Paradoxie des selbstreferentiellen Zeichens, in: Ralf Bohn/Dieter Fuder (Hg.), Baudrillard. Simulation und Verführung, München 1994; zum Ver-

hältnis Batailles zu Baudrillard vgl. Julian Pefanis, Heterology and Postmodern. Bataille, Baudrillard, Lyotard, London 1991.

46 Strenggenommen handelt es sich hier um Simulakren dritter Ordnung, die Baudrillard von den Simulakren erster und zweiter Ordnung, d. h. von der Ordnung der Imitation und der Produktion unterscheidet. Inwieweit jedoch auch diese Simulakren erster und zweiter Ordnung an dem Prozeß der Derealisierung teilhaben, also letztlich ebenfalls nur aus der Perspektive der Simulakren dritter Ordnung beschrieben werden können, muß an dieser Stelle offenbleiben.

47 Jean Baudrillard, Agonie des Realen, Berlin 1978, S. 9.

48 Jacques Derrida, Grammatologie, a. a. O., S. 250.

49 Jean Baudrillard, Der symbolische Tausch und der Tod, a. a. O., S. 114.

50 Ders., Die fatalen Strategien, München 1991, S. 9.

51 Ebenda, S. 10.

52 Ebenda, S. 65.

53 Ebenda, S. 65 f.

54 Ebenda, S. 72.

55 Ebenda, S. 77.

56 Ebenda, S. 81 f.

57 Zu Foucaults Konzept der »Selbstsorge« bzw. »Ästhetik der Existenz« vgl. Wilhelm Schmid, Auf der Suche nach einer neuen Lebenskunst. Die Frage nach dem Grund und die Neubegründung der Ethik bei Foucault, Frankfurt/M. 1991, und Markus Schroer, Ethos des Widerstands. Michel Foucaults postmoderne Utopie der Lebenskunst, in: Rolf Eickelpasch/Armin Nassehi (Hg.), Utopie und Moderne, Frankfurt/M. 1995.

58 Hans Herbert Kögler, Michel Foucault, Stuttgart/Weimar 1994, S. 71.

59 Boris Groys, Zwei Reden über moderne Dichtung, in: Schreibheft. Zeitschrift für Literatur 42 (1993), S. 33.

60 Ebenda.

61 Ebenda.

Literaturhinweise

1. Werke von Georges Bataille

a) Verzeichnis der zitierten Schriften (alphabetisch nach Kürzeln)

BV Der Begriff der Verausgabung, in: Die Aufhebung der Ökonomie, hrsg. von G. Bergfleth, München 1985, S. 6-31.

C Conférences 1951-1953, in: Œuvres complètes, Bd. 8, Paris 1976, S. 185-242, 558-592.

DP Discussion sur le péché, in: Œuvres complètes, Bd. 6, Paris 1973, S. 315-359.

E Die Erotik, hrsg. von G. Bergfleth, München 1994.

EH A propos de »Pour qui sonne le glas?« d'Ernest Hemingway, in: L'Espagne libre, Paris 1946, S. 120-126.

EI L'Expérience intérieure, in: Œuvres complètes, Bd. 5, Paris 1973, S. 7-181.

GA Die Geschichte des Auges, in: Das obszöne Werk, hrsg. von M. Luckow, Reinbek 1977, S. 5-53.

H Hegel, la mort et le sacrifice, in: Œuvres complètes, Bd. 12, Paris 1988, S. 326-345.

LB Die Literatur und das Böse, hrsg. von G. Bergfleth, München 1987.

M Materialisme, in: Œuvres complètes, Bd. 1, Paris 1970, S. 179 f.

ME Madame Edwarda, in: Das obszöne Werk, hrsg. von M. Luckow, Reinbek 1977, S. 55-78.

NJ Nietzsche et Jésus selon Gide et Jaspers, in: Œuvres complètes, Bd. 8, Paris 1976, S. 459-473.

NM Der niedere Materialismus und die Gnosis, in: Wolfgang Schulz (Hg.), Dokumente der Gnosis, München 1986, S. 7-15.

ÖU Die Ökonomie im Rahmen des Universums, in: Die Aufhebung der Ökonomie, hrsg. von G. Bergfleth, München 1985, S. 289-298.

PSF Die psychologische Struktur des Faschismus, in: Die psychologische Struktur des Faschismus/Die Souveränität, hrsg. von E. Lenk, München 1978, S. 8-43.
S Die Souveränität, in: Die psychologische Struktur des Faschismus/Die Souveränität, hrsg. von E. Lenk, München 1978, S. 45-86.
SN Sur Nietzsche, in: Œuvres complètes, Bd. 6, Paris 1973, S. 7-205.
TE Die Tränen des Eros, hrsg. von G. Bergfleth, München 1981.
VT Der verfemte Teil, in: Die Aufhebung der Ökonomie, hrsg. von G. Bergfleth, München 1985, S. 33-234.

b) Gesamtwerk

Georges Bataille, Œuvres complètes, 12 Bde., Paris 1970-1988:

1. *Premiers Écrits, 1922-1940:*
Histoire de l'œil – L'Anus solaire – Sacrifices – Articles.
2. *Écrits Posthumes, 1922-1940.*
3. *Œuvres Littéraires:*
Madame Edwarda – Le Petit – L'Archangélique – L'Impossible - La Scissiparité – L'Abbé C. – L'Etre indifférencié n'est rien – Le Bleu du ciel.
4. *Œuvres Littéraires Posthumes:*
Poèmes – Le Mort – Julie – La Maison brûlée – La Tombe de Louis XXX – Divinus Deus – Ébauches.
5. *La Somme Athéologique, I:*
L'Expérience intérieure – Méthode de méditation – Post-scriptum 1953 – Le Coupable – L'Alleluiah.
6. *La Somme Athéologique, II:*
Sur Nietzsche – Mémorandum – Annexes.
7. L'Économie à la mesure de l'univers – La Part maudite – La Limite de l'utile – Theorie de la religion – Conférences 1947-1948 – Annexes.
8. L'Histoire de l'érotisme – Le Surréalisme au jour le jour - Conférences 1951-1953 – La Souveraineté – Annexes.
9. Lascaux ou La Naissance de l'art – Manet – La Littérature et le mal – Annexes.
10. L'Érotisme – Le Procès de Gilles de Rais – Les Larmes d'Éros.
11. Articles I, 1944-1949.

12. Articles II, 1950-1961.

c) Verzeichnis der deutschen Übersetzungen

Abbé C., hrsg. von Max Hölzer, München 1990.
Calaveras, in: Der Pfahl VI, München 1992, S. 20-22.
Das Blau des Himmels, München 1990.
Das obszöne Werk: Die Geschichte des Auges – Madame Edwarda – Meine Mutter – Der Kleine – Der Tote, hrsg. von Marion Luckow, Reinbek 1977.
Das Schweigen Molloys, in: H. Engelhardt/D. Mettler (Hg.), Materialien zu Samuel Becketts Romanen, Frankfurt/M. 1976, S. 66-77.
Das Unmögliche, Frankfurt/M. 1994.
Der niedere Materialismus und die Gnosis, in: Wolfgang Schulz (Hg.), Dokumente der Gnosis, München 1986, S. 7-15.
Der Sonnen-Anus, in: Der Pfahl VI, München 1992, S. 23-28.
Die Aufhebung der Ökonomie: Der Begriff der Verausgabung – Der verfemte Teil – Kommunismus und Stalinismus – Die Ökonomie im Rahmen des Universums, hrsg. von Gerd Bergfleth, München 1985.
Die Erotik, hrsg. von G. Bergfleth, München 1994.
Die heilige Verschwörung, in: Der Pfahl II, München 1988.
Die Literatur und das Böse. Emily Brontë – Baudelaire – Michelet – Blake – Sade – Proust – Kafka – Genet, hrsg. von G. Bergfleth, München 1987.
Die Maske, in: Beiheft zum »Antikenprojekt« der Schaubühne am Halleschen Ufer, Berlin 1974, S. 80.
Die Orestie, in: Neue Rundschau 3 (1961), S. 596-610.
Die psychologische Struktur des Faschismus/Die Souveränität, hrsg. von E. Lenk, München 1978.
Die Tränen des Eros, hrsg. von G. Bergfleth, München 1981.
Die Welt, in der wir sterben, in: Der Pfahl IV, München 1990, S. 78-86.
Gilles de Rais, Leben und Prozeß eines Kindermörders, Hamburg 1967.
Krafft-Ebing, in: Richard von Krafft-Ebing, Psychopathia sexualis, München 1993, S. 23 f.
Lascaux oder die Geburt der Kunst, Genf 1955.
Manet, Genf 1955.
Nietzsche, in: Jörg Salaquarda (Hg.), Nietzsche, Darmstadt 1980, S. 45-49.

Reflexionen über Henker und Opfer, in: Der Pfahl IV, München 1990, S. 90-95.
Sartre, in: Der Pfahl IV, München 1990, S. 87-89.

2. Sekundärliteratur zu Georges Bataille

L'Arc 32 (1967).
L'Arc 44 (1971).
Georges Bataille et la fiction, textes réunis par Henk Hillemaar et Jan Versteeg, Amsterdam/Atlanta (Georgia) 1992.
Georges Bataille et la pensée allemande (= Cahier Georges Bataille 1), Paris 1986.
Elisabeth Bange, An den Grenzen der Sprache. Studien zu Georges Bataille, Frankfurt/M./Bern 1982.
Jean Baudrillard, Der Tod bei Bataille, in: ders., Der symbolische Tausch und der Tod, München 1982, S. 243-250.
Gerd Bergfleth, Baudrillard und die Todesrevolte, in: Jean Baudrillard, Der symbolische Tausch und der Tod, München 1982, S. 363-430.
Ders., Theorie der Verschwendung. Einführung in Georges Batailles Antiökonomie, München 1985.
Ders., Die Souveränität des Bösen, in: Georges Bataille, Die Literatur und das Böse. Emily Brontë – Baudelaire – Michelet – Blake – Sade – Proust – Kafka – Genet, hrsg. von G. Bergfleth, München 1987, S. 187-236.
Ders., Leidenschaft und Weltinnigkeit. Zu Batailles Erotik der Entgrenzung, in: Georges Bataille, Die Erotik, hrsg. von G. Bergfleth, München 1994, S. 313-396.
Rita Bischof, Über den Gesichtspunkt, von dem aus gedacht wird, in: Georges Bataille, Die psychologische Struktur des Faschismus/Die Souveränität, hrsg. von E. Lenk, München 1978, S. 88-120.
Dies., Souveränität und Subversion. Georges Batailles Theorie der Moderne, München 1984.
André Breton, Zweites Manifest des Surrealismus, in: ders., Die Manifeste des Surrealismus, Reinbek 1986, S. 49-99.
Peter Bürger, Das Denken des Herrn. Bataille zwischen Hegel und dem Surrealismus, Frankfurt/M. 1992.
La Ciguë 1 (1958).

Steven Connor, Bataille and Absolute Expenditure, in: ders., Theory and Cultural Value, Oxford/Cambridge 1992, S. 71-80.
Critique 195/196 (1963).
Jacques Derrida, Von der beschränkten zur allgemeinen Ökonomie. Ein rückhaltloser Hegelianismus, in: ders., Die Schrift und die Differenz, Frankfurt/M. 1985, S. 380-421.
Jean Durançon, Georges Bataille, Paris 1976.
Helga Finter, Das Lachen Don Giovannis. Zu Georges Batailles Rezeption des dissoluto punito, in: Peter Csobádi u. a. (Hg.), Das Phänomen Mozart im 20. Jahrhundert, Salzburg 1991, S. 639-660.
Helga Finter/Georg Maag (Hg.), Bataille lesen. Die Schrift und das Unmögliche, München 1992.
Michel Foucault, Vorrede zur Überschreitung, in: ders., Von der Subversion des Wissens, hrsg. von W. Seitter, Frankfurt/M. 1987, S. 28-45.
Rodolphe Gasché, System und Metaphorik in der Philosophie von Georges Bataille, Bern/Frankfurt/M. u. a. 1978.
Jürgen Habermas, Zwischen Erotismus und Allgemeiner Ökonomie: Bataille, in: ders., Der philosophische Diskurs der Moderne. Zwölf Vorlesungen, Frankfurt/M. 1988, S. 248-278.
Gregor Häfliger, Autonomie oder Souveränität. Zur Gegenwartskritik von Georges Bataille, Mittenwald 1981.
Daniel Hawley, Bibliographie annotée de la critique sur Georges Bataille de 1929 à 1975, Paris 1976.
Jean-Michel Heimonet, Politique de l'écriture, North Carolina 1987.
Dennis Hollier, Le Collège de sociologie, Paris 1979.
Jochen Hörisch, Die Theorie der Verausgabung und die Verausgabung der Theorie. Benjamin zwischen Bataille und Sohn-Retel, Bremen 1984.
Martin Jay, The Disenchantment of the Eye. Bataille and the Surrealists, in: ders., Downcast Eyes. The Demigration of Vision in Twentieth-Century French Thought, Berkeley/Los Angeles/London 1993, S. 211-262.
Traugott König, Sartre und Bataille, in: ders. (Hg.), Sartre. Ein Kongreß, Reinbek 1988, S. 365-381.
Julia Kristeva, Die Sonne Bataille oder Der schuldige Text, in: dies., Geschichten von der Liebe, Frankfurt/M. 1989, S. 351-357.
Nick Land, The Taste for Annihilation. Georges Bataille and Violent Nihilism, London 1992.
Wolf-Dieter Lange, Georges Bataille, in: ders. (Hg.), Französische Literaturkritik der Gegenwart in Einzeldarstellungen, Stuttgart 1975, S. 1-26.

Hans-Thies Lehmann, Ökonomie der Verausgabung – Georges Bataille, in: Merkur 9/10 (1987), S. 835-849.
Michel Leiris, Von dem unmöglichen Bataille zu den unmöglichen Documents, in: ders., Das Auge des Ethnographen. Ethnologische Schriften, Bd. 2, hrsg. von H.-J. Heinrichs, Frankfurt/M. 1978, S. 67-76.
Ders., Georges Batailles Don Juanismus, in: ders., Das Auge des Ethnographen. Ethnologische Schriften, Bd. 2, hrsg. von H.-J. Heinrichs, Frankfurt/M. 1978, S. 77 f.
Daniel Leuwers, Georges Bataille und der Haß auf die Poesie, in: Georges Bataille, Die Literatur und das Böse. Emily Brontë – Baudelaire – Michelet – Blake – Sade – Proust – Kafka – Genet, hrsg. von G. Bergfleth, München 1987, S. 237-246.
Joseph Libertson, Proximity. Levinas, Blanchot, Bataille and Communication, The Hague 1982.
J. M. Lo Duca, Der ferne Bataille, in: Georges Bataille, Die Tränen des Eros, hrsg. von G. Bergfleth, München 1981, S. 7-13.
Marion Luckow, Nachwort, in: Georges Bataille, Das obszöne Werk, hrsg. von M. Luckow, Reinbek 1977, S. 225-232.
Francis Marmande, Georges Bataille politique, Lyon 1985.
Ders., L'indifférence des ruines. Variations sur l'écriture du »bleu du ciel«, Marseille 1985.
Bernd Mattheus, Georges Bataille. Eine Thanatographie, Bd. 1: Chronik 1897-1939, Bd. 2: Chronik 1940-1951, München 1984 u. 1988.
Arno Münster, Versuch über »La part maudite« von Georges Bataille, in: ders., Pariser Philosophisches Journal. Von Sartre bis Derrida, Frankfurt/M. 1987, S. 85-98.
Jean Luc Nancy, Die undarstellbare Gemeinschaft, Stuttgart 1988.
Julian Pefanis, Heterology and the Postmodern. Bataille, Baudrillard, Lyotard, London 1991.
Michael Richardson, Georges Bataille, London/New York 1994.
Michèle Richman, Beyond the Gift. Reading Georges Bataille, Baltimore 1982.
Philipp Rippel, Souveränität und Revolte. Die Wiedererweckung Nietzsches und Heideggers in Frankreich, in: Peter Kemper (Hg.), »Postmoderne« oder der Kampf um die Zukunft. Die Kontroverse in Wissenschaft, Kunst und Gesellschaft, Frankfurt/M. 1988, S. 104-126.
Jean-Paul Sartre, Ein neuer Mystiker, in: ders., Situationen, Reinbek 1965, S. 59-88.

Hajo Schmidt, Sozialphilosophie des Krieges. Staats- und subjekttheoretische Untersuchungen zu Henri Lefebvre und Georges Bataille, Essen 1990.
Steven Shaviro, Passion and Excess. Blanchot, Bataille and Literary Theory, Tallahassee 1990.
Stanford French Review 12 (1988): Georges Bataille.
Michel Surya, Georges Bataille. La mort à l'œuvre, Paris 1987.
Yale French Studies, Nr. 78 (1990).
Slobodan Žunjić, Herrschaft und Souveränität. Hegel und Nietzsche in der Lektüre von Georges Bataille, in: Mihailo Djurić/Josef Simon (Hg.), Nietzsche und Hegel, Würzburg 1992, S. 146-174.

Zeittafel

1897	Georges Bataille wird am 10. September in Billom (Auvergne) geboren.
1917	Besuch der École des Chartes.
1922	Abschluß der Ausbildung zum Archivar und Bibliothekar. Beschäftigung an der École des Hautes Études in Madrid. Anstellung an der Bibliothèque Nationale in Paris. Kontakt mit Leo Schestow. Einführung in den surrealistischen Kreis um André Breton durch Michel Leiris, André Masson und Théodore Fraenkel.
1926	Psychoanalyse bei Adrien Borel.
1928	Heirat mit der Schauspielerin Sylvia Maklès. Veröffentlichung der Erzählung »Histoire de l'œil« unter dem Pseudonym »Lord Auch«.
1929	Gründung der Zeitschrift »Documents«.
1930	Geburt der Tochter Laurence.
1931-34	Mitglied des »Cercle Communiste Démocratique«.
1933	Veröffentlichung der Aufsätze »La Structure psychologique du fascisme« und »La Notion du dépense« in der vom »Cercle Communiste Démocratique« herausgegebenen Zeitschrift »La Critique Sociale«.
1934	Besuch der Hegel-Vorlesungen von Alexandre Kojève an der École des Hautes Études. Verhältnis mit Colette Peignot (»Laure«).
1935	Gründung der politischen Gruppe »Contre-attaque«.
1936	Gründung der »Société Secrète« und der Zeitschrift »Acéphale«.
1937	Gründung des »Collège de Sociology«.
1938	Tod Colette Peignots.
1941	Veröffentlichung der Erzählung »Madame Edwarda«.

1942	Bataille gibt seine Tätigkeit als Bibliothekar aus gesundheitlichen Gründen auf.
1943	Veröffentlichung von *L'Expérience intérieure* und *Le Coupable.*
1945	Veröffentlichung von *Sur Nietzsche.*
1946	Gründung der Zeitschrift »Critique«. Heirat mit Diane de Beauharnais.
1947	Gastvorlesungen am Collège Philosophique.
1948	Geburt der Tochter Julie.
1949	Anstellung als Bibliothekar in Carpentras. Veröffentlichung von »La Part maudite«.
1951	Anstellung an der öffentlichen Bibliothek in Orléans.
1953	Veröffentlichung des Romans *L'Abbé C.*
1955	Veröffentlichung von *Manet* und *Lascaux.*
1957	Veröffentlichung des Romans *Le Bleu du ciel* und der Schriften *La Litérature et le mal* und *L'Érotisme.*
1961	Veröffentlichung von *Les Larmes d'Éros.*
1962	Am 9. Juli stirbt Georges Bataille.

Peter Wiechens, geb. 1964, Studium der Soziologie, Philosophie und Kath. Theologie in Münster, arbeitet derzeit im Rahmen des Modellstudienfachs »Angewandte Kulturwissenschaft. Kulturwissenschaft – Organisation – Management« an der Universität Münster. Arbeitsschwerpunkte: Kulturwissenschaft, Kultur- und Religionssoziologie, französische Philosophie, Systemtheorie.

Norbert Elias
von Ralf Baumgart
und Volker Eichener

Foucault
von Hinrich Fink-Eitel

Paulo Freire
von Dimas Figueroa

Freud
von Hans-Martin Lohmann

Friedlaender (Mynona)
von Peter Cardorff

Erich Fromm
von Helmut Wehr

Habermas
von Detlef Horster

Heidegger
von Günter Figal

Thomas Hobbes
von Wolfgang Kersting

Hölderlin
von Henning Bothe

Horkheimer
von Willem van Reijen

Husserl
von Peter Prechtl

Uwe Johnson
von Stefanie Golisch

Hans Jonas
von Franz Josef Wetz

C.G. Jung
von Micha Brumlik

Kafka
von Wiebrecht Ries

Kant
von Jean Grondin

Kierkegaard
von Konrad Paul Liessmann

Alexandra Kollontai
von Gabriele Raether

Julia Kristeva
von Inge Suchsland

Kropotkin
von Heinz Hug

Lacan
von Gerda Pagel

Gustav Landauer
von Siegbert Wolf

Lao-tzu
von Florian C. Reiter